Chansons.

DE L'IMPRIMERIE DE FIRMIN DIDOT.

CHANSONS,

Par M. J. P. DE BERANGER.

TOME II.

A PARIS,

CHEZ LES MARCHANDS DE NOUVEAUTÉS.

1821.

CHANSONS.

LE VILAIN.

(1815.)

Air : De Ninon chez madame de Sévigné.

Eh! quoi, j'apprends que l'on critique
Le *de* qui précède mon nom.
Êtes-vous de noblesse antique?
Moi, noble? oh! vraiment, messieurs, non.
Non, d'aucune chevalerie
Je n'ai le brévet sur vélin.
Je ne sais qu'aimer ma patrie.... *(bis)*
Je suis vilain et très-vilain....   *(bis)*
     Je suis vilain,
     Vilain! vilain.

Ah! sans un *de* j'aurais dû naître;
Car dans mon sang, si j'ai bien lu,
Jadis mes aïeux ont d'un maître

1.

Maudit le pouvoir absolu.
Ce pouvoir, sur sa vieille base,
Étant la meule du moulin,
Ils éatient le grain qu'elle écrase
Je suis vilain et très-vilain,
Je suis vilain,
Vilain, vilain.

Mes aïeux, jamais dans leurs terres.
N'ont vexé des serfs indigens;
Jamais leurs nobles cimeterres
Dans les bois n'ont fait peur aux gens
Aucun d'eux, las de sa campagne,
Ne fut transformé par Merlin
En chambellan de.... Charlemagne
Je suis vilain et très-vilain,
Je suis vilain,
Vilain, vilain.

Jamais aux discordes civiles
Mes braves aïeux n'ont pris part;
De l'Anglais aucun dans nos villes
N'introduisit le léopard;
Et quand l'église, par sa brigue,
Poussait l'état vers son déclin,

Aucun d'eux n'a signé la ligue.
Je suis vilain et très-vilain,
    Je suis vilain,
    Vilain, vilain.

Laissez-moi donc sous ma bannière.
Vous, Messieurs, qui le nez au vent.
Nobles par votre boutonnière,
Encensez tout soleil levant.
J'honore une race commune,
Car sensible, quoique malin,
Je n'ai flatté que l'infortune.
Je suis vilain et très-vilain,
    Je suis vilain,
    Vilain, vilain.

LE VIEUX MÉNÉTRIER.

(NOVEMBRE 1815.)

Air : C'est un lanla landerirette.

Je ne suis qu'un vieux bonhomme,
Ménétrier du hameau.
Mais pour sage on me renomme,
Et je bois mon vin sans eau.
Autour de moi sous l'ombrage
Accourez vous délasser.
Eh ! l'on lon la, gens de village,
Sous mon vieux chêne, il faut danser.

Oui, dansez sous mon vieux chêne ;
C'est l'arbre du cabaret.
Au bon temps toujours la haine
Sous ses rameaux expirait.
Combien de fois son feuillage
Vit nos aïeux s'embrasser !
Eh ! lon lon la, gens de village,
Sous mon vieux chêne, il faut danser.

Du château plaignez le maître,
Quoiqu'il soit votre seigneur.
Il doit du calme champêtre
Vous envier le bonheur.
Triste au fond d'un équipage,
Quand là-bas il va passer,
Eh ! lon lon la, gens de village,
Sous mon vieux chêne, il faut danser.

Loin de maudire à l'église
Celui qui vit sans curé,
Priez que Dieu fertilise
Son grain, sa vigne et son pré.
Au plaisir s'il rend hommage,
Qu'il vienne ici l'encenser.
Eh! lon lon la, gens de village,
Sous mon vieux chêne, il faut danser.

Quand d'une faible charmille
Votre héritage est fermé,
Ne portez plus la faucille
Au champ qu'un autre a semé.
Mais sûrs que cet héritage
A vos fils devra passer,

Eh ! lon lon la, gens de village,
Sous mon vieux chêne, il faut danser.

Quand la paix répand son baume
Sur les maux qu'on endura,
N'exilez point de son chaume
L'aveugle qui s'égara.
Rappelant après l'orage
Ceux qu'il a pu disperser,
Eh ! lon lon la, gens de village,
Sous mon vieux chêne, il faut danser.

Écoutez donc le bonhomme :
Sous son chêne accourez tous.
De pardonner je vous somme ;
Mes enfans, embrassez-vous.
Pour voir ainsi, d'âge en âge,
Chez nous la paix se fixer,
Eh ! lon lon la, gens de village,
Sous mon vieux chêne, il faut danser.

LES DEUX SOEURS DE CHARITÉ.

Air : De la treille de sincérité.

Dieu lui-même
Ordonne qu'on aime.
Je vous le dis en vérité :
Sauvez-vous par la charité (*bis*).

Vierge défunte, une sœur grise,
Aux portes des cieux, rencontra
Une beauté leste et bien mise,
Qu'on regrettait à l'opéra (*bis*).
Toutes deux, dignes de louanges,
Arrivaient, après d'heureux jours,
L'une sur les ailes des anges,
L'autre dans les bras des amours.
    Dieu lui-même
  Ordonne qu'on aime.
Je vous le dis en vérité :
Sauvez-vous par la charité.

Là-haut, saint Pierre, en sentinelle,
Après un *ave* pour la sœur,
Dit à l'actrice : On peut, ma belle,
Entrer chez nous sans confesseur.
Elle s'écrie : Ah ! quoique bonne,
Mon corps à peine est inhumé.
Mais qu'à mon curé Dieu pardonne ;
Hélas ! il n'a jamais aimé.
    Dieu lui-même
  Ordonne qu'on aime.
Je vous le dis en vérité :
Sauvez-vous par la charité.

Dans les palais et sous le chaume,
Moi, dit la sœur, j'ai de mes mains
Distillé le miel et le baume,
Sur les souffrances des humains.
Moi, qui subjuguais la puissance,
Dit l'actrice, j'ai bien des fois
Fait savourer à l'indigence
La coupe où s'enivraient les rois.
    Dieu lui-même
  Ordonne qu'on aime.
Je vous le dis, en vérité,
Sauvez-vous par la charité.

Oui, reprend la sainte colombe,
Mieux qu'un ministre des autels,
A descendre en paix dans la tombe,
Ma voix préparait les mortels.
Offrant à ceux qui m'ont suivie,
Dit la nymphe, une douce erreur,
Moi, je faisais chérir la vie :
Le plaisir fait croire au bonheur.
     Dieu lui-même
      Ordonne qu'on aime.
Je vous le dis, en vérité :
Sauvez-vous par la charité.

Aux bons cœurs, ajoute la nonne,
Quand mes prières s'adressaient,
Du riche je portais l'aumône
Aux pauvres qui me bénissaient.
Moi, dit l'autre, par la détresse
Voyant l'honnête homme abattu,
Avec le prix d'une caresse,
Cent fois j'ai sauvé la vertu.
     Dieu lui-même
      Ordonne qu'on aime.
Je vous le dis, en vérité :
Sauvez-vous par la charité.

Entrez, entrez, ô tendres femmes !
Répond le portier des élus ;
La charité remplit vos ames ;
Mon Dieu n'exige rien de plus.
On est admis dans son empire,
Pourvu qu'on ait séché des pleurs,
Sous la couronne du martyre
Ou sous des couronnes de fleurs.
    Dieu lui-même
    Ordonne qu'on aime.
Je vous le dis, en vérité :
Sauvez-vous par la charité.

LES OISEAUX.

COUPLETS ADRESSÉS A M. ARNAULT, PARTANT
POUR SON EXIL.

(JANVIER 1816.)

AIR :

L'HIVER redoublant ses ravages
Désole nos toits et nos champs;
Les oiseaux sur d'autres rivages
Portent leurs amours et leurs chants.
Mais le calme d'un autre asyle
Ne les rendra pas inconstans :
Les oiseaux que l'hiver exile
Reviendront avec le printemps.

A l'exil le sort les condamne,
Et, plus qu'eux, nous en gémissons !
Du palais et de la cabane
L'écho redisait leurs chansons.

Qu'ils aillent d'un bord plus tranquille
Charmer les heureux habitans.
Les oiseaux que l'hiver exile
Reviendront avec le printemps.

Oiseaux fixés sur cette plage,
Nous portons envie à leur sort.
Déja plus d'un sombre nuage
S'élève et gronde au fond du nord.
Heureux qui sur une aile agile
Peut s'éloigner quelques instans !
Les oiseaux que l'hiver exile
Reviendront avec le printemps.

Ils penseront à notre peine,
Et, l'orage enfin dissipé,
Ils reviendront sur le vieux chêne
Que tant de fois il a frappé.
Pour prédire au vallon fertile
De beaux jours alors plus constans,
Les oiseaux que l'hiver exile
Reviendront avec le printemps.

COMPLAINTE

D'UNE DE CES DEMOISELLES,

A L'OCCASION DES AFFAIRES DU TEMPS.

(FÉVRIER 1816.)

AIR : Faut d'la vertu, pas trop n'en faut ,
ou La seul' prom'nade qu'a du prix.

FAUT qu'lord Villain-ton ait tout pris ; ⎫
N'y a plus d'argent dans c'gueux d'Paris. ⎭ *bis*

Du métier d'fille j'me dégoûte :
C'commerce n'rapporte plus rien.
Mais si l'public nous fait banqu'route
C'est qu'les affaires n'vont pas bien.
Faut qu'lord Villain-ton ait tout pris ,
N'y a plus d'argent dans c'gueux d'Paris.

Au bonheur on fait semblant d'croire ;
Mais j'en jug' mieux qu'tous les flatteurs.
Si d'la cour je n'savais l'histoire,

J'croirais quasi qu'on a des mœurs.
Faut qu'lord Villain-ton ait tout pris,
N'y a plus d'argent dans c'gueux d'Paris.

Nous servions d'maîtress' et d'modèles
A nos peintres gorgés d'écus.
J'crois qu'à leux femm's y sont fidèles
D'puis qu'les modèles n'servent plus.
Faut qu'lord Villain-ton ait tout pris,
N'y a plus d'argent dans c'gueux d'Paris.

Quand n'y a pas l'moindr' profit-z-à faire
Sur tant r'formés mécontens,
Les juges p't-êtr' fraient not' affaire;
Mais l'roi n'leux en laisse pas le temps.
Faut qu'lord Villain-ton ait tout pris,
N'y a plus d'argent dans c'gueux d'Paris.

Enfin, je n'trouvons plus not' compte
Avec nos braves qu'l'on vexa.
Vu leux misère, y aurait d'la honte
A leux d'mander queuq' chos' pour ça.
Faut qu'lord Villain-ton ait tout pris,
N'y a plus d'argent dans c'gueux d'Paris.

Heureusement qu'monsieur La....
A nous servir s'est-z-engagé :
Comme un diable, y s'demène, y crie
Pour qu'on rend' les biens du clergé.
Faut qu'lord Villain-ton ait tout pris,
N'y a plus d'argent dans c'gueux d'Paris.

CE N'EST PLUS LISETTE.

AIR : Eh! non, non, non, vous n'êtes pas Ninette,

Quoi! Lisette, est-ce vous?
Vous, en riche toilette!
Vous, avec des bijoux!
Vous, avec une aigrette!
 Eh! non, non, non,
Vous n'êtes plus Lisette.
 Eh! non, non, non,
Ne portez plus ce nom.

Vos pieds, dans le satin,
N'osent fouler l'herbette,

Des fleurs de votre teint
Où faites-vous emplette ?
    Eh ! non, non, non,
Vous n'êtes plus Lisette.
    Eh ! non, non, non,
Ne portez plus ce nom.

Dans un lieu décoré
De tout ce qui s'achète,
L'opulence a doré
Jusqu'à votre couchette.
    Eh ! non, non, non,
Vous n'êtes plus Lisette.
    Eh ! non, non, non,
Ne portez plus ce nom.

Votre bouche sourit
D'une façon discrète :
Vous montrez de l'esprit ;
Du moins on le répète.
    Eh ! non, non, non,
Vous n'êtes plus Lisette.
    Eh ! non, non, non,
Ne portez plus ce nom.

Comme ils sont loin ces jours
Où, dans votre chambrette,
La reine des amours
N'était qu'une grisette !
    Eh ! non, non, non,
Vous n'êtes plus Lisette.
    Eh ! non, non, non,
Ne portez plus ce nom.

Quand d'un cœur amoureux
Vous prisiez la conquête,
Vous faisiez dix heureux,
Et n'étiez pas coquette.
    Eh ! non, non, non,
Vous n'êtes plus Lisette.
    Eh ! non, non, non,
Ne portez plus ce nom.

Maîtresse d'un seigneur
Qui paya sa défaite,
De l'ombre du bonheur
Vous êtes satisfaite.
    Eh ! non, non, non,
Vous n'êtes plus Lisette.

Eh! non, non, non,
Ne portez plus ce nom.

Si l'amour est un dieu,
C'est près d'une fillette.
Adieu, madame, adieu :
En duchesse on vous traite
Eh! non, non, non,
Vous n'êtes plus Lisette.
Eh! non, non, non,
Ne portez plus ce nom.

LE MARQUIS DE CARABAS.

(NOVEMBRE 1816.)

AIR : Du roi Dagobert.

Voyez ce vieux marquis
Nous traiter en peuple conquis ;
Son coursier décharné
De loin chez nous l'a ramené.
Vers son vieux castel

Ce noble mortel
Marche en brandissant
Un sabre innocent.
Chapeau bas ! chapeau bas !
Gloire au marquis de Carabas !

Aumôniers, châtelains,
Vassaux, vavassaux et vilains,
C'est moi, dit-il, c'est moi,
Qui seul ai rétabli mon roi;
Mais s'il ne me rend
Les droits de mon rang,
Avec moi, corbleu,
Il verra beau jeu.
Chapeau bas ! chapeau bas !
Gloire au marquis de Carabas !

Pour me calomnier,
Bien qu'on ait parlé d'un meunier,
Ma famille eut pour chef
Un des fils de Pépin-le-Bref.
D'après mon blason
Je crois ma maison
Plus noble, ma foi,
Que celle du roi.

Chapeau bas! chapeau bas!
Gloire au marquis de Carabas!

Qui me résisterait?
La marquise a le tabouret.
Pour être évêque un jour
Mon dernier fils suivra la cour.
Mon fils le baron,
Quoiqu'un peu poltron,
Veut avoir des croix;
Il en aura trois.
Chapeau bas! chapeau bas!
Gloire au marquis de Carabas!

Vivons donc en repos :
Mais l'on m'ose parler d'impôts!
A l'État, pour son bien,
Un gentilhomme ne doit rien.
Grace à mes créneaux,
A mes arsenaux,
Je puis au préfet
Dire un peu son fait.
Chapeau bas! chapeau bas!
Gloire au marquis de Carabas!

Prêtres que nous vengeons,
Levez la dîme et partageons;
Et toi, peuple animal,
Porte encor le bât féodal.
Seuls nous chasserons,
Et tous vos tendrons
Subiront l'honneur
Du droit du seigneur.
Chapeau bas! chapeau bas!
Gloire au marquis de Carabas!

Curé, fais ton devoir;
Remplis pour moi ton encensoir.
Vous, pages et varlets,
Guerre aux vilains, et rossez-les!
Que de mes aïeux
Ces droits glorieux
Passent tout entiers
A mes héritiers.
Chapeau bas! chapeau bas!
Gloire au marquis de Carabas!

___

L'HIVER.

Air : Une fille est un oiseau.

Les oiseaux nous ont quittés ;
Déja, l'hiver qui les chasse
Étend son manteau de glace
Sur nos champs et nos cités.
A mes vitres scintillantes
Il trace des fleurs brillantes ;
Il rend mes portes bruyantes,
Et fait greloter mon chien.
Réveillons, sans plus attendre,
Mon feu qui dort sous la cendre.
Chauffons-nous, chauffons-nous bien.

O voyageur imprudent,
Retourne vers ta famille.
J'en crois mon feu qui pétille ;
Le froid devient plus ardent.
Moi, j'en puis braver l'injure

Rose, en douillette, en fourrure,
Ici, contre la froidure
Vient m'offrir un doux soutien.
Rose, tes mains sont de glace.
Sur mes genoux prends ta place,
Chauffons-nous, chauffons-nous bien.

L'ombre s'avance, et la nuit
Roule son char sur la neige.
Rose, l'amour nous protége ;
C'est pour nous que le jour fuit.
Mais un couple nous arrive ;
Joyeux ami, beauté vive,
Entrez tous deux, sans qui vive :
Le plaisir n'y perdra rien.
Moins de froid que de tendresse,
Autour du feu qu'on se presse.
Chauffons-nous, chauffons-nous bien.

Les caresses ont cessé
Devant la lampe indiscrète.
Un festin que Rose apprête,
Gaîment par nous est dressé.
Notre ami s'est fait, à table,
D'un brigand bien redoutable

Et d'un sceptre épouvantable
Le fidèle historien.
Tandis que le punch s'allume,
Beau du feu qui le consume,
Chauffons-nous, chauffons-nous bien.

Sombre hiver, sous tes glaçons,
Ensevelis la nature.
Ton aquilon qui murmure,
Ne peut troubler nos chansons.
Notre esprit, qu'amour seconde,
Au coin du feu, crée un monde
Qu'un doux ciel toujours féconde,
Où s'aimer tient lieu de bien.
Que nos portes restent closes,
Et, jusqu'au retour des roses,
Chauffons-nous, chauffons-nous bien.

MA RÉPUBLIQUE.

Air : Vaudeville de la Petite gouvernante,
ou de la Robe et des bottes.

J'ai pris goût à la république
Depuis que j'ai vu tant de rois.
Je m'en fais une, et je m'applique
A lui donner de bonnes lois.
On n'y commerce que pour boire ;
On n'y juge qu'avec gaîté.
Ma table est tout son territoire ;
Sa devise est la liberté.

Amis, prenons tous notre verre :
Le sénat s'assemble aujourd'hui.
D'abord, par un arrêt sévère,
A jamais proscrivons l'ennui.
Quoi ! proscrire ? Ah ! ce mot doit être
Inconnu dans notre cité :

3.

Chez nous l'ennui ne pourra naître ;
Le plaisir suit la liberté.

Du luxe dont elle est blessée
La joie ici défend l'abus.
Point d'entraves à la pensée,
Par ordonnance de Bacchus.
A son gré que chacun professe
Le culte de sa déité.
Qu'on puisse aller, même à la messe,
Ainsi le veut la liberté.

La noblesse est trop abusive :
Ne parlons point de nos aïeux.
Point de titres, même au convive
Qui rit le plus, ou boit le mieux.
Et, si, quelqu'un d'humeur traîtresse,
Aspirait à la royauté,
Plongeons ce César dans l'ivresse ;
Nous sauverons la liberté.

Trinquons à notre république,
Pour voir son destin affermi.
Mais ce peuple si pacifique
Déja redoute un ennemi.

C'est Lisette qui nous rappelle
Sous les lois de la volupté.
Elle veut régner, elle est belle;
C'en est fait de la liberté.

L'IVROGNE ET SA FEMME.

AIR : Quand les bœufs vont deux à deux.

TRINQUONS, et toc, et tin, tin, tin!
Jean, tu bois depuis le matin.
  Ta femme est une vertu : ⎫
  Ce soir, tu seras battu.   ⎭ *bis*

  Tandis que dans sa mansarde,
  Jeanne veille, et qu'il lui tarde
  De voir rentrer son mari,
  Maître Jean, à la guinguette,
  A ses amis en goguette
  Chante son refrain chéri :
Trinquons, et toc, et tin, tin, tin!

Jean, tu bois depuis le matin.
Ta femme est une vertu :
Ce soir tu seras battu.

Jeanne pour moi seul est tendre,
Dit-il, laissons la m'attendre.
Mais, maudissant son époux,
Jeanne, la puce à l'oreille,
Bat sa chatte que réveille
La tendresse des matous.
Trinquons, et toc, et tin, tin, tin !
Jean, tu bois depuis le matin.
Ta femme est une vertu :
Ce soir tu seras battu.

Livrant sa femme au veuvage,
Jean se perd dans son breuvage ;
Et, prête à se mettre au lit,
Jeanne, qui verse des larmes,
Dit, en regardant ses charmes :
C'est son verre qu'il remplit !
Trinquons, et toc, et tin, tin, tin !
Jean, tu bois depuis le matin.
Ta femme est une vertu :
Ce soir tu seras battu.

Pour allumer sa chandelle,
Un voisin frappe chez elle :
Jeanne ouvre, après un refus.
Que Jean boive, chante ou fume,
Je ne sais ce qu'elle allume;
Mais je sais qu'on n'y voit plus.
Trinquons, et toc, et tin, tin, tin!
Jean, tu bois depuis le matin.
Ta femme est une vertu;
Ce soir tu seras battu.

En rajustant sa cornette,
Ah! qu'on souffre, dit Jeannette,
Quand on attend son époux!
Ma vengeance est bien modeste;
Avec lui je suis en reste :
Il a bu plus de dix coups.
Trinquons, et toc, et tin, tin, tin!
Jean, tu bois depuis le matin.
Ta femme est une vertu :
Ce soir, tu seras battu.

A demain! se dit le couple :
L'époux rentre, et son dos souple

N'en subit pas moins l'arrêt.
Il s'écrie : amour fait rage !
Demain, puisque Jeanne est sage.
Répétons au cabaret :
Trinquons, et toc, et tin, tin, tin !
Jean, tu bois depuis le matin.
Ta femme est une vertu :
Ce soir, tu seras battu.

PAILLASSE.

(DÉCEMBRE 1816.)

AIR : Amis, dépouillons nos pommiers.
ou Mon père était pot.

J'suis né paillasse, et mon papa.
Pour m'lancer sur la place,
D'un coup d'pied queuqu'part m'attrappa,
Et m'dit : Saute, paillasse !
T'as l'jarret dispos,
Quoiqu'tay' l'ventre gros

Et la face rubiconde ;
N'saut'point-z-à-demi,
Paillasse mon ami :
Saute pour tout le monde !

Ma mèr' qui poussait des hélas,
En m'voyant prendr' ma course,
M'habille avec son seul mat'las,
M' disant : ce fut ma r'ssource.
La d'sous fais, mon fils,
Ce que d'sus je fis
Pour gagner la pièc' ronde ;
N'saut' point-z-à-demi,
Paillasse mon ami :
Saute pour tout tout le monde !

Content comme un gueux, j' m'en allais,
Quand un seigneur m'arrête,
Et m' donn' l'emploi dans son palais,
D'un petit chien qu'il regrette.
Le chien sautait bien ;
J' surpasse le chien ;
Plus d'un envieux en gronde :
N' saut' point-z-à-demi,

Paillasse mon ami :
Saute pour tout le monde.

J'buvais du bon, mais un hasard,
Où j' n'ons rien mis du nôtre,
Fait qu'monseigneur n'est qu'un bâtard,
Et qu'il en vient-z-un autre.
Fi du dépouillé
Qui m'a bien payé !
Fêtons l'autre à la ronde.
N' saut' point-z-à-demi,
Paillasse, mon ami :
Saute pour tout le monde !

A peine a-t-on fêté c'lui-ci,
Que l' premier r'vient-z-en traître.
Moi qu'aime à dîner, dieu merci,
J'saute encor sous sa f'nêtre.
Mais le v'la r'chassé ;
V'la l'autre r'placé.
Viv' ceux que Dieu seconde !
N' saut' point-z-à-demi,
Paillasse, mon ami :
Saute pour tout le monde !

Vienn' qui voudra, j' saut'rai toujours :
   N'faut point qu'la r'cette baisse.
Boir', manger, rire et fair' des tours,
   Voyez comm' ça m'engraisse.
    En gens qui, ma foi,
    Saut' moins gaîment qu' toi,
   Puisque l' pays abonde,
    N' saut' point-z-à-demi,
    Paillasse, mon ami :
   Saute pour tout le monde !

MON AME.

Air : Des Scythes et des Amazones.

C'est à table, quand je m'enivre
De gaîté, de vin et d'amour,
Qu'incertain du temps qui va suivre,
J'aime à prévoir mon dernier jour (*bis*).
Il semble alors que mon ame me quitte.
Adieu ! lui dis-je, à ce banquet joyeux :
Ah ! sans regret, mon ame, partez vite ; ⎱ *bis.*
En souriant, remontez dans les cieux. ⎰
   Remontez, remontez dans les cieux.

Vous prendrez la forme d'un ange;
De l'air vous parcourrez les champs.
Votre joie, enfin sans mélange,
Vous dictera les plus doux chants.
C'aimable paix, que la terre a proscrite,
Ceindra de fleurs votre front radieux.
Ah! sans regret, mon ame, partez vîte
En souriant, remontez dans les cieux.
Remontez, remontez dans les cieux.

Vous avez vu tomber la gloire
D'un Ilion trop insulté,
Qui prit l'autel de la victoire
Pour l'autel de la liberté.
Vingt nations ont poussé de Thersyte
Jusqu'en nos murs le char injurieux.
Ah! sans regret, mon ame, partez vîte :
En souriant, remontez dans les cieux.
Remontez, remontez dans les cieux.

Cherchez au-dessus des orages
Tant de Français morts à propos,
Qui, se dérobant aux outrages,
Ont au ciel porté leurs drapeaux.
Pour conjurer la foudre qu'on irrite,
Unissez-vous à tous ces demi-dieux.

Ah! sans regret, mon ame, partez vîte :
En souriant, remontez dans les cieux.
 Remontez, remontez dans les cieux.

La liberté, vierge féconde,
Règne aux cieux, qui vous sont ouverts.
L'amour seul m'aidait en ce monde
A traîner de pénibles fers.
Mais, dès demain, je crains qu'il ne m'évite ;
Pauvre captif, demain je serai vieux.
Ah! sans regret, mon ame, partez vîte :
En souriant, remontez dans les cieux.
 Remontez, remontez dans les cieux.

N'attendez plus, partez mon ame,
Doux rayon de l'astre éternel !
Mais passez des bras d'une femme
Au sein d'un Dieu tout paternel.
L'Aï pétille à défaut d'eau bénite ;
De vrais amis viennent fermer mes yeux.
Ah! sans regret, mon ame, partez vîte :
En souriant, remontez dans les cieux.
 Remontez, remontez dans les cieux.

LE JUGE DE CHARENTON (1).

(NOVEMBRE 1816.)

Air : De la Cosaqui.

Un maître fou qui, dit-on,
Fit jadis mainte fredaine,
Des loges de Charenton
S'est enfui l'autre semaine;

(1) Il n'y a point de mauvais discours que ne puisse faire oublier une action généreuse; et rien n'est plus honorable, suivant moi, que la protection accordée à des infortunés placés sous le poids d'une accusation capitale. Aussi je n'aurais pas reproduit ici cette chanson, sans l'espèce de scandale que, lors de son apparition, elle causa jusque dans les deux chambres. Mais je ne puis m'empêcher d'avouer que si j'avais pu la condamner à l'oubli qu'elle mérite sans doute, j'en aurais toujours regretté le dernier couplet.

Chez un juge, qui griffonnait,
Il arrive et prend simarre et bonnet,
   Puis à l'audience, hors d'haleine,
Il entre et soudain dit: *Prechi, precha,*
   Et patati, et patata,
Prêtons bien l'oreille à ce discours-là.

   « L'esprit saint soutient ma voix,
   « Et les accusés vont rire ;
   « Moi, l'interprète des lois,
   « J'en viens faire la satire.
   « Nous les tenons d'un impudent
« Qui, pour s'amuser, me fit président.
   « J'ai long-temps vanté son empire,
« Mais j'étais alors payé pour cela.
   Et patati, et patata,
Pouvait-on s'attendre à ce discours-là ?

   « Le drame et Galimafré
   « Corrompent nos cuisinières.
   « En frac on voit un curé,
   « Et nos enfans ont trois pères.
   « Le mariage est un loyer ;
« On entre en octobre, on sort en janvier.
   « Les cachemires adultères

« Nous donnent la peste, et ma femme en a.
  Et patati, et patata,
Il a mis de tout dans ce discours-là.

  « Pour débaucher un mari,
  « Que les filles ont d'adresse !
  « Sous madame Dubarri
  « Elles allaient à confesse.
 « Ah ! qu'enfin (et le terme est clair),
« L'épouse et l'époux ne soient qu'une chair ;
 « Et vous, qui nous tentez sans cesse.
« Filles, respectez l'habit que voila.
  Et patati, et patata,
Rien n'est plus moral que ce discours-là

  « Mais, triste effet du typhus,
  « Au lieu d'église on élève
  « Le temple du dieu Plutus,
  « Qui sera beau s'il s'achève.
 « Par-tout règnent les intrigans.
« On n'interdit plus les extravagans.
 « Ce dernier point n'est pas un rêve,
« Puisqu'en robe ici je dis tout cela.
  Et patati, et patata,
On trouve du bon dans ce discours-là.

Il poursuivait sur ce ton,
Quand deux bisets, sous les armes,
Remmènent à Charenton
Cet orateur plein de charmes.
Néanmoins l'avocat Bêlant
S'écrie : Ah ! les fous ont bien du talent !
J'ai fait rire et verser des larmes ;
Mais je n'ai rien dit qui valût cela.
Et patati, et patata,
C'est moi qu'on sifflait sans ce discours-là.

LES CHAMPS.

AIR : Mon amour était pour Marie.

Rose, partons ; voici l'aurore :
Quitte ces oreillers si doux.
Entends-tu la cloche sonore
Marquer l'heure du rendez-vous ?
Cherchons, loin du bruit de la ville,
Pour le bonheur un sûr asyle.
Viens aux champs couler d'heureux jours ;
Les champs ont aussi leurs amours.

Viens aux champs fouler la verdure ;
Donne le bras à ton amant.
Rapprochons-nous de la nature,
Pour nous aimer plus tendrement.
Des oiseaux la troupe éveillée
Nous appelle sous la feuillée.
Viens aux champs couler d'heureux jours ;
Les champs ont aussi leurs amours.

Nous prendrons les goûts du village ;
Le jour naissant t'éveillera.
Le jour mourant sous le feuillage
A notre couche nous rendra.
Puisses-tu, maîtresse adorée,
Te plaindre encor de sa durée !
Viens aux champs couler d'heureux jours ;
Les champs ont aussi leurs amours.

Quand l'été vers un sol fertile
Conduit des moissonneurs nombreux ;
Quand, près d'eux, la glaneuse agile
Cherche l'épi du malheureux ;
Combien, sur les gerbes nouvelles,
De baisers pris aux pastourelles !

Viens aux champs couler d'heureux jours;
Les champs ont aussi leurs amours.

Quand des corbeilles de l'automne
S'épanche à flots un doux nectar,
Près de la cuve qui bouillonne
On voit s'égayer le vieillard :
Et cet oracle du village
Chante les amours d'un autre âge.
Viens aux champs couler d'heureux jours;
Les champs ont aussi leurs amours.

Allons visiter des rivages,
Que tu croiras des bords lointains.
Je verrai, sous d'épais ombrages,
Tes pas devenir incertains.
Le desir cherche un lit de mousse :
Le monde est loin; l'herbe est si douce!
Viens aux champs couler d'heureux jours;
Les champs ont aussi leurs amours.

C'en est fait! adieu, vains spectacles!
Adieu, Paris, où je me plus;
Où les beaux arts font des miracles,
Où la tendresse n'en fait plus!

Rose, dérobons à l'envie
Le doux secret de notre vie.
Viens aux champs couler d'heureux jours;
Les champs ont aussi leurs amours.

LA COCARDE BLANCHE.

COUPLETS FAITS POUR UN DINER OÙ L'ON CÉLÉBRAIT
L'ANNIVERSAIRE DE LA PREMIÈRE ENTRÉE DES
RUSSES, DES AUTRICHIENS ET DES PRUSSIENS
A PARIS.

(30 Mars 1816.)

Air : Des Trois Cousines,
ou Quand des ans la fleur printanière.

Jour de paix, jour de délivrance,
Qui des vaincus fit le bonheur;   } *chœur*
Beau jour, qui vint rendre à la France
La cocarde blanche et l'honneur!

Chantons ce jour cher à nos belles,
Où tant de rois par leurs succès

Ont puni les Français rebelles,
Et sauvé tous les bons Français.

Jour de paix, jour de délivrance,
Qui des vaincus fit le bonheur;
Beau jour, qui vint rendre à la France
La cocarde blanche et l'honneur!

Les étrangers et leurs cohortes
Par nos vœux étaient appelés.
Qu'aisément ils ouvraient les portes
Dont nous avions livré les clés!

Jour de paix, jour de délivrance,
Qui des vaincus fit le bonheur;
Beau jour, qui vint rendre à la France
La cocarde blanche et l'honneur!

Sans ce jour, qui pouvait répondre
Que le ciel, comblant nos malheurs,
N'eût point vu sur la tour de Londre
Flotter enfin les trois couleurs?

Jour de paix, jour de délivrance,
Qui des vaincus fit le bonheur;
Beau jour, qui vint rendre à la France
La cocarde blanche et l'honneur!

On répétera dans l'histoire
Qu'aux pieds des Cosaques du Don,
Pour nos soldats et pour leur gloire,
Nous avons demandé pardon.

Jour de paix, jour de délivrance,
Qui des vaincus fit le bonheur;
Beau jour, qui vint rendre à la France
La cocarde blanche et l'honneur!

Appuis de la noblesse antique,
Buvons, après tant de dangers,
Dans ce repas patriotique,
Au triomphe des étrangers.

Jour de paix, jour de délivrance,
Qui des vaincus fit le bonheur;
Beau jour, qui vint rendre à la France
La cocarde blanche et l'honneur!

Enfin, pour sa clémence extrême,
Buvons au plus grand des Henris;
A ce roi qui sut, par lui-même,
Conquérir son trône et Paris.

Jour de paix, jour de délivrance,
Qui des vaincus fit le bonheur;
Beau jour, qui vint rendre à la France
La cocarde blanche et l'honneur!

MON HABIT.

Air : Du Vaudeville de Décence.

Sois-moi fidèle, ô pauvre habit que j'aime!
    Ensemble nous devenons vieux.
Depuis dix ans je te brosse moi-même,
    Et Socrate n'eût pas fait mieux.
    Quand le sort à ta mince étoffe
    Livrerait de nouveaux combats,
Imite-moi; résiste en philosophe.
Mon vieil ami, ne nous séparons pas.

Je me souviens, car j'ai bonne mémoire,
    Du premier jour où je te mis.
C'était ma fête, et, pour comble de gloire,
    Tu fus chanté par mes amis.
    Ton indigence, qui m'honore,

2

Ne m'a point banni de leurs bras.
Tous ils sont prêts à nous fêter encore;
Mon vieil ami, ne nous séparons pas.

A ton revers j'admire une reprise;
  C'est encore un doux souvenir.
Feignant un soir de fuir la tendre Lise,
  Je sens sa main me retenir.
    On te déchire, et cet outrage
    Auprès d'elle enchaîne mes pas.
Lisette a mis deux jours à tant d'ouvrage:
Mon vieil ami, ne nous séparons pas.

T'ai-je imprégné des flots de musc et d'ambre,
  Qu'un fat exhale en se mirant?
M'a-t-on jamais vu dans une antichambre
    T'exposer aux mépris d'un grand?
    Pour des rubans la France entière
    Fut en proie à de longs débats;
La fleur des champs brille à ta boutonnière;
Mon vieil ami, ne nous séparons pas.

Ne crains plus tant ces jours de courses vaines.
  Où notre destin fut pareil;
Ces jours mêlés de plaisirs et de peines.

Mêlés de pluie et de soleil.
Je dois bientôt, il me le semble.
Mettre pour jamais habit bas.
Attends un peu ; nous finirons ensemble.
Mon vieil ami, ne nous séparons pas.

LE VIN ET LA COQUETTE.

Air : Je vais bientôt quitter l'empire.

Amis, il est une coquette
Dont je redoute ici les yeux.
Que sa vanité, qui me guette,
Me trouve toujours plus joyeux.
C'est au vin de rendre impossible
Le triomphe qu'elle espérait.
Ah ! cachons bien que mon cœur est sensible
La coquette en abuserait.

Faut-il qu'elle soit si charmante !
Ah ! de mon cœur prenez pitié !
Chantez la liqueur écumante

Que verse en riant l'Amitié.
Enlacez le lierre paisible
Sur mon front, qui me trahirait.
Ah! cachons bien que mon cœur est sensible :
La coquette en abuserait.

Pursuivons de nos épigrammes
Ce sexe que j'ai trop aimé.
Achevons d'éteindre les flammes
Du flambeau qui m'a consumé.
Que Bacchus, toujours invincible,
Ote à l'Amour son dernier trait.
Ah! cachons bien que mon cœur est sensible :
La coquette en abuserait.

Mais l'Amour pressa-t-il la grappe
D'où nous vient ce jus enivrant?
J'aime encor; mon verre m'échappe :
Je ne ris plus qu'en soupirant.
Pour fuir ce charme irrésistible,
Trop d'ivresse enchaîne mes pas.
Ah! vous voyez que mon cœur est sensible :
Coquette, n'en abusez pas.

LA SAINTE ALLIANCE BARBARESQUE.

(1816.)

Air : De Calpigi.

Proclamons la Sainte-Alliance,
Faite au nom de la Providence,
Et que signe un congrès *ad hoc*
Entre Alger, Tunis et Maroc.
Leurs souverains, nobles corsaires,
N'en feront que mieux leurs affaires
Vivent des rois qui sont unis!
Vive Alger, Maroc et Tunis!

Ces rois, dans leur Sainte-Alliance,
Trouvant tout bon pour leur puissance,
Jurent de se mettre en commun
Bravement toujours vingt contre un.
On dit qu'ils s'adjoindront Christophe,
Malgré la couleur de l'étoffe.

5.

Vivent des rois qui sont unis !
Vive Alger, Maroc et Tunis !

Ces rois, par leur Sainte-Alliance,
Nous forçant à l'obéissance,
Veulent qu'on lise l'Alcoran,
Et le Bonald et le Ferrand.
Mais Voltaire et sa coterie
Sont à l'*index* en Barbarie.
Vivent des rois qui sont unis !
Vive Alger, Maroc et Tunis !

Français, à leur Sainte-Alliance
Envoyons, pour droit d'assurance,
Nos censeurs anciens et nouveaux,
Et nos juges, et nos prévôts.
Avec eux, ces rois, sans entraves,
Feront le commerce d'esclaves.
Vivent des rois qui sont unis !
Vive Alger, Maroc et Tunis !

Malgré cette Sainte-Alliance,
Si du trône, par occurrence,
Un roi tombait, que subito
On le ramène en son château

Mais il soldera les mémoires
Du pain, du foin et des victoires.
Vivent des rois qui sont unis!
Vive Alger, Maroc et Tunis!

Enfin, pour la Sainte-Alliance,
C'est peu qu'on paie à l'échéance;
Il faut des rameurs sur les bancs,
Et des muets aux rois forbans:
Même à ces majestés caduques
Il faudrait des peuples d'eunuques.
Vivent des rois qui sont unis!
Vive Alger, Maroc et Tunis!

L'ERMITE ET SES SAINTS.

COUPLETS ADRESSÉS A M. DE JOUY, LE JOUR
DE SA FÊTE.

Air : Rassurez-vous, ma mie.

On va rouvrir la Sorbonne ;
L'église attend ses décrets.
On ne brûle encor personne,
Mais les fagots sont tout prêts.
Par bonheur, chez nous habite
Un saint d'un esprit plus doux.
　　Ermite, bon ermite,
　　Priez, priez pour nous !

Des prêtres, grands catholiques
L'ont instruit à servir Dieu.
Il tient aux mêmes reliques
Qu'aimait l'abbé de Chaulieu.
A l'amour sa muse invite:

Par lui nous serons absous.
　　Ermite, bon ermite,
　　Priez, priez pour nous !

Rabelais, ce fou si sage,
Lui légua, par parenté,
Un capuchon dont l'usage
En fait un sage en gaîté.
Contre la gent hypocrite
Voyez son malin courroux.
　　Ermite, bon ermite,
　　Priez, priez pour nous !

Ce n'est tout son patrimoine ;
Car, pour être chansonnier,
De Lattaignant, gai chanoine,
Il choisit le bénitier.
Mais de ses refrains, qu'on cite,
Lattaignant serait jaloux.
　　Ermite, bon ermite,
　　Priez, priez pour nous !

Il lui manquait un bréviaire :
Le bon ermite, à dessein,
Prit les œuvres de Voltaire,

Qui se disait capucin.
Grace à l'auteur qu'il médite.
Il sait charmer tous les goûts
   Ermite, bon ermite,
   Priez, priez pour nous!

De tels saints suivant les traces
Sur son gai califourchon,
Il laisse fourrer aux graces
Des fleurs sous son capuchon.
A l'aimer tout nous invite;
Avec lui sauvons-nous tous
   Ermite, bon ermite,
   Priez, priez pour nous!

MON PETIT COIN.

Air : Du Vaudeville de la Petite Gouvernante.

Non, le monde ne peut me plaire ;
Dans mon coin retournons rêver.
Mes amis, de votre galère
Un forçat vient de se sauver.
Dans le désert que je me trace,
 Je fuis, libre comme un Bédouin.
Mes amis, laissez-moi, de grace,
Laissez-moi dans mon petit coin.

Là, du pouvoir bravant les armes,
 Je pèse et nos fers et nos droits.
Sur les peuples versant des larmes,
 Je juge et condamne les rois.
 Je prophétise avec audace ;
L'avenir me sourit de loin.
Mes amis, laissez-moi de grace,
Laissez-moi dans mon petit coin.

Là, j'ai la baguette des fées;
A faire le bien je me plais.
J'élève de nobles trophées;
Je transporte au loin des palais.
Sur le trône ceux que je place
D'être aimés sentent le besoin.
Mes amis, laissez-moi, de grace,
Laissez-moi dans mon petit coin.

C'est là que mon ame a des ailes :
Je vole, et, joyeux séraphin,
Je vois aux flammes éternelles
Nos rois précipités sans fin.
Un seul échappe de leur race;
De sa gloire je suis témoin.
Mes amis, laissez-moi, de grace,
Laissez-moi dans mon petit coin.

Je forme ainsi pour ma patrie
Des vœux que le Ciel entend bien.
Respectez donc ma rêverie :
Votre monde ne me vaut rien.
De mes jours, filés au Parnasse,
Daignent les Muses prendre soin!
Mes amis, laissez-moi, de grace,
Laissez-moi dans mon petit coin.

LE SOIR DES NOCES.

Air : Zon ! ma Lisette, zon ! ma Lison.

L'hymen prend cette nuit
Deux amans dans sa nasse.
Qu'au seuil de leur réduit
Un doux concert se place.
    Zon ! flûte et basse !
    Zon ! violon !
    Zon ! flûte et basse !
Et violon, zon ! zon !

Par ce trou fait exprès,
Voyons ce qui se passe.
L'épouse a mille attraits,
L'époux est plein d'audace.
    Zon ! flûte et basse !
    Zon ! violon !
    Zon ! flûte et basse !
Et violon, zon ! zon !

L'épouse veut encor
Fuir l'époux, qui l'embrasse :
Mais sur plus d'un trésor
Le fripon fait main basse.
   Zon ! flûte et basse !
   Zon ! violon !
   Zon ! flûte et basse !
Et violon, zon ! zon !

Elle tremble et pâlit
Tandis qu'il la délace.
Il va briser le lit ;
Il va rompre la glace.
   Zon ! flûte et basse !
   Zon ! violon !
   Zon ! flûte et basse !
Et violon, zon ! zon !

Mais, pris au trébuchet,
L'époux, quelle disgrace !
De l'oiseau qu'il cherchait
N'a trouvé que la place.
   Zon ! flûte et basse !
   Zon ! violon !

Zon! flûte et basse!
Et violon, zon! zon!

La belle, en sanglottant,
Se confesse à voix basse.
D'un divorce éclatant
Tout haut il la menace.
    Zon! flûte et basse!
    Zon! violon!
    Zon! flûte et basse!
Et violon, zon! zon!

Monsieur jure après nous;
Mais qu'à tout il se fasse.
Du livre des époux
Il n'est qu'à la préface.
    Zon! flûte et basse!
    Zon! violon!
    Zon! flûte et basse!
Et violon, zon! zon!

———

L'INDÉPENDANT.

AIR : Je vais bientôt quitter l'empire.

RESPECTEZ mon indépendance,
Esclaves de la vanité;
C'est à l'ombre de l'indigence
Que j'ai trouvé la liberté (*bis*) :
Jugez aux chants qu'elle m'inspire,
Quel est sur moi son ascendant (*bis*).
Lisette seule a le droit de sourire
Quand je lui dis : Je suis indépendant,
Je suis, je suis indépendant.

Oui, je suis un pauvre sauvage,
Errant dans la société;
Et pour repousser l'esclavage,
Je n'ai qu'un arc et ma gaîté.
Mes traits sont ceux de la satire :
Je les lance en me défendant.

Lisette seule a le droit de sourire
Quand je lui dis : Je suis indépendant,
   Je suis, je suis indépendant.

   Chacun rit des flatteurs du Louvre,
   Valets, en tout temps prosternés,
   Dans cette auberge qui ne s'ouvre
   Que pour des passans couronnés.
   On rit du fou qui sur sa lyre
   Chante à la porte en demandant.
Lisette seule a le droit de sourire
Quand je lui dis : Je suis indépendant,
   Je suis, je suis indépendant.

   Toute puissance est une gêne :
   Oh ! d'un roi que je plains l'ennui !
   C'est le conducteur de la chaîne ;
   Ses captifs sont plus gais que lui.
   Dominer ne peut me séduire ;
   J'offre l'amour pour répondant.
Lisette seule a le droit de sourire
Quand je lui dis : Je suis indépendant,
   Je suis, je suis indépendant.

   En paix avec ma destinée,
   Gaîment je poursuis mon chemin,

Riche du pain de la journée,
Et de l'espoir du lendemain.
Chaque soir, au lit qui m'attire,
Dieu me conduit sans accident.
Lisette seule a le droit de sourire
Quand je lui dis : Je suis indépendant.
Je suis, je suis indépendant.

Mais quoi ! je vois Lisette ornée
De ses attraits les plus puissans,
Qui des chaînes de l'hyménée
Veut charger mes bras caressans.
Voilà comme on perd un empire !
Non, non, point d'hymen imprudent,
Que toujours Lise ait le droit de sourire
Quand je dirai : Je suis indépendant.
Je suis, je suis indépendant.

LES CAPUCINS.

(1817.)

AIR : Faut d'la vertu, pas trop n'en faut.

Bénis soient la vierge et les saints :) *bis.*
On rétablit les capucins !

Moi, qui fus capucin indigne,
Je vais, ma petite Fanchon,
Du Seigneur vendanger la vigne,
En reprenant le capuchon.
Bénis soient la vierge et les saints :
On rétablit les capucins !

Fanchon, pour vaincre par surprise
Les philosophes trop nombreux,
Qu'en vrais cosaques de l'église,
Les capucins marchent contre eux.
Bénis soient la vierge et les saints :
On rétablit les capucins !

La faim désole nos provinces;
Mais la piété l'en bannit.
Chaque fête, grace à nos princes,
On peut vivre de pain bénit.
Bénis soient la vierge et les saints:
On rétablit les capucins!

L'église est l'asyle des cuistres;
Mais les rois en sont les piliers:
Et bientôt le banc des ministres
Sera le banc des marguillers.
Bénis soient la vierge et les saints:
On rétablit les capucins!

Pour tâter de l'agneau sans taches,
Nos soldats courent s'attabler;
Et devant certaines moustaches
On dit qu'on a vu Dieu trembler.
Bénis soient la vierge et les saints:
On rétablit les capucins!

Nos missionnaires font rendre
Aux bonnes gens les biens de Dieu;
Ils marchent tout couverts de cendre
C'est ainsi qu'on couvre le feu.

Bénis soient la vierge et les saints.
On rétablit les capucins !

Fais-toi dévote aussi, Fanchette :
Vas, il n'est pas de sot métier.
Mais qu'avec nous deux, en cachette,
Le diable crache au bénitier.
 Bénis soient la vierge et les saints :
On rétablit les capucins !

LA BONNE VIEILLE.

AIR : de Wilhem,
ou Muses des bois et des accords champêtres.

Vous vieillirez, ô ma belle maîtresse ;
Vous vieillirez, et je ne serai plus.
Pour moi le temps semble, dans sa vitesse,
Compter deux fois les jours que j'ai perdus.
Survivez-moi ; mais que l'âge pénible
Vous trouve encor fidèle à mes leçons ;
Et bonne vieille, au coin d'un feu paisible,
De votre ami répétez les chansons.

Lorsque les yeux chercheront sous vos rides
Les traits charmans qui m'auront inspiré,
Des doux récits les jeunes gens avides
Diront : Quel fut cet ami tant pleuré ?
De mon amour peignez, s'il est possible,
L'ardeur, l'ivresse, et même les soupçons ;
Et bonne vieille, au coin d'un feu paisible,
De votre ami répétez les chansons.

On vous dira : Savait-il être aimable ?
Et sans rougir, vous direz : Je l'aimais.
D'un trait méchant se montra-t-il capable ?
Avec orgueil, vous répondrez : Jamais.
Ah ! dites bien qu'amoureux et sensible,
D'un luth joyeux il attendrit les sons ;
Et bonne vieille, au coin d'un feu paisible.
De votre ami répétez les chansons.

Vous, que j'appris à pleurer sur la France,
Dites sur-tout aux fils des nouveaux preux,
Que j'ai chanté la gloire et l'espérance
Pour consoler mon pays malheureux.
Rappelez-leur que l'aquilon terrible
De nos lauriers a détruit vingt moissons ;

Et bonne vieille, au coin d'un feu paisible,
De votre ami répétez les chansons.

Objet chéri, quand mon renom futile
De vos vieux ans charmera les douleurs;
A mon portrait, quand votre main débile,
Chaque printemps, suspendra quelques fleurs:
Levez les yeux vers ce monde invisible
Où pour toujours nous nous réunissons;
Et bonne vieille, au coin d'un feu paisible,
De votre ami répétez les chansons.

LA VIVANDIÈRE.

(1817.)

Air : Demain matin au point du jour, on bat la générale.
ou air nouveau de M. Wilhem.

Vivandière du régiment,
C'est Catin qu'on me nomme.
Je vends, je donne, et bois gaîment
Mon vin et mon rogome.

J'ai le pied leste et l'œil mutin,
Tintin, tintin, tintin, r'lin tintin :
J'ai le pied leste et l'œil mutin,
Soldats, voilà Catin !

Je fus chère à tous nos héros ;
Hélas ! combien j'en pleure.
Aussi soldats et généraux
Me comblaient, à toute heure,
D'amour, de gloire et de butin ;
Tintin, tintin, tintin, r'lin tintin :
D'amour, de gloire et de butin :
Soldats, voilà Catin !

J'ai pris part à tous vos exploits,
En vous versant à boire.
Songez combien j'ai fait de fois
Rafraîchir la Victoire.
Ça grossissait son bulletin ;
Tintin, tintin, tintin, r'lin tintin :
Ça grossissait son bulletin ;
Soldats, voilà Catin !

Depuis les Alpes je vous sers :
Je me mis jeune en route.

A quatorze ans, dans les déserts,
   Je vous portais la goutte.
Puis, j'entrai dans Vienne un matin;
Tintin, tintin, tintin, r'lin tintin:
   Puis, j'entrai dans Vienne un matin;
     Soldats, voilà Catin!

De mon commerce et des amours
   C'était le temps prospère.
A Rome je passai huit jours,
   Et de notre Saint-Père
Je débauchai le sacristain;
Tintin, tintin, tintin, r'lin tintin:
   Je débauchai le sacristain;
     Soldats, voilà Catin!

J'ai fait plus que maint duc et pair
   Pour mon pays que j'aime.
A Madrid si j'ai vendu cher,
   Et cher à Moscou même,
J'ai donné gratis à Pantin;
Tintin, tintin, tintin, r'lin tintin:
   J'ai donné gratis à Pantin;
     Soldats, voilà Catin!

Quand au nombre il fallut céder
La victoire infidèle ,
Que n'avais-je pour vous guider
Ce qu'avait la Pucelle !
L'Anglais aurait fui sans butin ;
Tintin, tintin, tintin, r'lin tintin :
L'Anglais aurait fui sans butin ;
Soldats, voilà Catin !

Si je vois de nos vieux guerriers
Pâlis par la souffrance ,
Qui n'ont plus, malgré leurs lauriers,
De quoi boire à la France,
Je refleuris encor leur teint ;
Tintin, tintin, tintin, r'lin tintin :
Je refleuris encor leur teint ;
Soldats, voilà Catin !

Mais nos ennemis, gorgés d'or ,
Paîront encore à boire.
Oui, pour vous doit briller encor
Le jour de la victoire.
J'en serai le réveil-matin ;
Tintin, tintin, tintin, r'lin tintin :
J'en serai le réveil-matin ;
Soldats, voilà Catin !

COUPLETS A MA FILLEULE,

AGÉE DE TROIS MOIS,

LE JOUR DE SON BAPTÊME.

Air : J'étais bon chasseur autrefois.

Ma filleule, où diable a-t-on pris
Le pauvre parrain qu'on vous donne?
Ce choix seul excite vos cris ;
De bon cœur je vous le pardonne.
Point de bonbons à ce repas :
A vos yeux cela doit me nuire ;
Mais, mon enfant, ne pleurez pas ;
Votre parrain vous fera rire.

L'amitié m'en a fait l'honneur,
Et c'est l'amitié qui vous nomme.
Or, pour n'être pas grand seigneur,
Je n'en suis pas moins honnête homme.
Des cadeaux si vous faites cas,

Vous y trouverez à redire ;
Mais, mon enfant, ne pleurez pas,
Votre parrain vous fera rire.

Malgré le sort qui sous sa loi
Tient la vertu même asservie,
Puissions-nous, ma commère et moi,
Vous porter bonheur dans la vie !
Pendant leur voyage ici-bas,
Aux bons cœurs rien ne devrait nuire ;
Mais, mon enfant, ne pleurez pas,
Votre parrain vous fera rire.

Qu'à vos noces je chanterai,
Si jusque-là mes chansons plaisent !
Mais peut-être alors je serai
Où Panard et Collé se taisent.
Quoi ! manquer aux joyeux ébats
Qu'un pareil jour devra produire !
Non, mon enfant, ne pleurez pas,
Votre parrain vous fera rire.

L'EXILÉ.

(JANVIER 1817.)

AIR : Ermite, bon ermite.

A d'aimables compagnes
Une jeune beauté
Disait : Dans nos campagnes
Règne l'humanité.
Un étranger s'avance,
Qui, parmi nous errant,
Redemande la France
Qu'il chante en soupirant.
D'une terre chérie
C'est un fils désolé.
Rendons une patrie,
  Une patrie
Au pauvre exilé.

Près d'un ruisseau rapide,
Vers la France entraîné,

Il s'assied, l'œil humide,
Et le front incliné.
Dans les champs qu'il regrette
Il sait qu'en peu de jours
Ces flots que rien n'arrête
Vont promener leur cours.
D'une terre chérie
C'est un fils désolé.
Rendons une patrie,
 Une patrie
 Au pauvre exilé.

Quand sa mère, peut-être,
Implorant son retour,
Tombe aux genoux d'un maître
Que touche son amour,
Trahi par la victoire,
Ce proscrit, dans nos bois,
Inquiet de sa gloire,
Fuit la haine des rois.
D'une terre chérie
C'est un fils désolé.
Rendons une patrie,
 Une patrie
 Au pauvre exilé.

De rivage en rivage
   Que sert de le bannir ?
Par-tout de son courage
Il trouve un souvenir.
Sur nos bords, par la guerre
Tant de fois envahis,
Son sang même a naguère
Coulé pour son pays.
D'une terre chérie
C'est un fils désolé.
Rendons une patrie,
     Une patrie
   Au pauvre exilé.

Dans nos destins contraires,
On dit qu'en ses foyers
Il recueillit nos frères,
Vaincus et prisonniers.
De ces temps de conquêtes
Rappelons-lui le cours ;
Qu'il trouve ici des fêtes,
Et surtout des amours.
D'une terre chérie
C'est un fils désolé.

Rendons une patrie,
Une patrie
Au pauvre exilé.

Si notre accueil le touche,
Si, par nous abrité,
Il s'endort sur la couche
De l'hospitalité ;
Que par nos voix légères
Ce Français réveillé,
Sous le toit de ses pères
Croie avoir sommeillé.
D'une terre chérie
C'est un fils désolé.
Rendons une patrie,
Une patrie
Au pauvre exilé.

LA BOUQUETIÈRE ET LE CROQUE-MORT.

Air : Le cœur à la danse.
Un rigodon, etc.

Je n'suis qu'un' bouqu'tière et j'n'ai rien ;
  Mais d'vos soupirs j'me lasse,
Monsieur l'croqu'mort, car il faut bien
  Vous dir' vot' nom-z-en face.
  Quoique j'sois-t-un esprit fort,
  Non, je n'veux point d'un croqu'mort.
  Encor jeune et jolie,
Moi, j'vends rosiers, lis et jasmins,
  Et n'me sens point l'envie
  De passer par vos mains.

C't' amour, qui fait plus d'un hasard,
  Vous tire par l'oreille
Depuis l'jour où vot' corbillard
  Renversa ma corbeille.
  Il m'en coûta plus d'un' fleur ;
  Vot' métier leur port' malheur.

Encor jeune et jolie,
Moi, j'vends rosiers, lis et jasmins,
Et n'me sens point l'envie
De passer par vos mains.

A d'bons vivans j'aime à parler,
Et, monsieur, n'vous déplaise,
Avec vous m' faudrait-z-étaler
Mes fleurs chez l' pèr' la Chaise.
Mon commerce est mieux fêté
A la porte d'la Gaîté.
Encor jeune et jolie,
Moi, j'vends rosiers, lis et jasmins,
Et n'me sens point l'envie
De passer par vos mains.

Parc'que vous r'tournez d'grands seigneurs,
Vous vous en faite' accroire;
Mais si tant d'gens qu'ont des honneurs
Vous doiv' tous un pour boire,
Y en a plus d'un, sans m'vanter,
Qu'j'avons fait ressusciter.
Encor jeune et jolie,

Moi, j'vends rosiers, lis et jasmins,
　Et n'me sens point l'envie
　De passer par vos mains.

J' f'rai courte et bonne, et, j'y consens,
　En passant, venez m'prendre.
Mais qu'ce n'soit point-z-avant dix ans;
　Adieu, croqu'mort si tendre.
　P' tr' bien qu'en s'impatientant,
　Un' pratique vous attend.
　Encor jeune et jolie,
Moi, j'vends rosiers, lis et jasmins,
　Et n'me sens point l'envie
　De passer par vos mains.

LA PETITE FÉE.

(1817.)

Air : *C'est le meilleur homme du monde,*
ou J'étais bon chasseur autrefois.

Enfans, il était une fois
Une fée appelée Urgande ;
Grande à peine de quatre doigts,
Mais de bonté vraiment bien grande.
De sa baguette un ou deux coups
Donnaient félicité parfaite.
Ah ! bonne fée, enseignez-nous
Où vous cachez votre baguette !

Dans une conque de saphir,
De huit papillons attelée,
Elle passait comme un zéphyr,
Et la terre était consolée.
Les raisins mûrissaient plus doux ;
Chaque moisson était complète.

Ah ! bonne fée, enseignez-nous
Où vous cachez votre baguette !

C'était la marraine d'un roi
Dont elle créait les ministres ;
Braves gens, soumis à la loi,
Qui laissaient voir dans leurs registres.
Du bercail ils chassaient les loups
Sans abuser de la houlette.
Ah ! bonne fée, enseignez-nous
Où vous cachez votre baguette !

Les juges, sous ce roi puissant,
Étaient l'organe de la fée ;
Et par eux jamais l'innocent
Ne voyait sa plainte étouffée.
Jamais pour l'erreur à genoux
La clémence n'était muette.
Ah ! bonne fée, enseignez-nous
Où vous cachez votre baguette !

Pour que son filleul fût béni,
Elle avait touché sa couronne.
Il voyait tout son peuple uni,
Prêt à mourir pour sa personne.

2

8

S'il venait des voisins jaloux,
On les forçait à la retraite.
Ah! bonne fée, enseignez-nous
Où vous cachez votre baguette!

Dans un beau palais de crystal,
Hélas! Urgande est retirée.
En Amérique tout va mal;
Au plus fort l'Asie est livrée.
Nous éprouvons un sort plus doux;
Mais pourtant, si bien qu'on nous traite,
Ah! bonne fée, enseignez-nous
Où vous cachez votre baguette!

———

MA NACELLE.

CHANSON CHANTÉE A MES AMIS RÉUNIS POUR
MA FÊTE.

AIR : Eh ! vogue la galère.

Sur une onde tranquille
Voguant soir et matin,
Ma nacelle est docile
Au souffle du destin.
La voile s'enfle-t-elle,
J'abandonne le bord.
Eh! vogue ma nacelle;
(O doux zéphyr, sois-moi fidèle!)
Eh! vogue ma nacelle;
Nous trouverons un port.

J'ai pris pour passagère
La muse des chansons;
Et ma course légère
S'égaie à ses doux sons.

La folâtre pucelle
Chante sur chaque bord.
Eh ! vogue ma nacelle ;
(O doux zéphyr, sois-moi fidèle !)
Eh ! vogue ma nacelle ;
Nous trouverons un port.

Lorsqu'au sein de l'orage,
Cent foudres à-la-fois,
Ébranlant ce rivage,
Épouvantent les rois ;
Le plaisir, qui m'appelle,
M'attend sur l'autre bord.
Eh ! vogue ma nacelle ;
(O doux zéphyr, sois-moi fidèle !
Eh ! vogue ma nacelle ;
Nous trouverons un port.

Loin de là, le Ciel change :
Un soleil éclatant
Vient mûrir la vendange
Que le buveur attend.
D'une liqueur nouvelle
Lestons-nous sur ce bord.
Eh ! vogue ma nacelle ;

(O doux zéphyr, sois-moi fidèle !)
Eh ! vogue ma nacelle ;
Nous trouverons un port.

Des rives bien connues
M'appellent à leur tour.
Les Graces demi-nues
Y célèbrent l'amour.
Dieux ! j'entends la plus belle
Soupirer sur le bord :
Eh ! vogue ma nacelle ;
(O doux zéphyr, sois-moi fidèle !)
Eh ! vogue ma nacelle ;
Nous trouverons un port.

Mais, loin du roc perfide
Qui produit le laurier,
Quel astre heureux me guide
Vers un humble foyer ?
L'amitié renouvelle
Ma fète sur ce bord :
Eh ! vogue ma nacelle ;
(O doux zéphyr, sois-moi fidèle !)
Eh ! vogue ma nacelle ;
Nous entrons dans le port.

8.

M. JUDAS.

Air : J'ons un curé patriote.

Monsieur Judas est un drôle,
Qui soutient avec chaleur
Qu'il n'a joué qu'un seul rôle,
Et n'a pris qu'une couleur.
Nous qui détestons les gens
Tantôt rouges, tantôt blancs,
Parlons bas,
Parlons bas,
Ici près j'ai vu Judas,
J'ai vu Judas, j'ai vu Judas.

Curieux et nouvelliste,
Cet observateur moral
Parfois se dit journaliste,
Et tranche du libéral ;
Mais voulons-nous réclamer

Le droit de tout imprimer,
　　　Parlons bas,
　　　Parlons bas,
Ici près, j'ai vu Judas,
J'ai vu Judas, j'ai vu Judas.

Sans respect du caractère,
Souvent ce lâche effronté
Porte l'habit militaire
Avec la croix au côté ;
Nous qui faisons volontiers
L'éloge de nos guerriers,
　　　Parlons bas,
　　　Parlons bas,
Ici près j'ai vu Judas,
J'ai vu Judas, j'ai vu Judas.

Enfin, sa bouche flétrie
Ose prendre un noble accent ;
Et des maux de la patrie
Ne parle qu'en gémissant ;
Nous qui faisons le procès
A tous les mauvais Français,
　　　Parlons bas,
　　　Parlons bas ,

Ici près, j'ai vu Judas,
J'ai vu Judas, j'ai vu Judas.

Monsieur Judas, sans malice,
Tout haut vous dit : Mes amis,
Les limiers de la police
Sont à craindre en ce pays;
Mais nous, qui de maints brocards
Poursuivons jusqu'aux mouchards.
Parlons bas,
Parlons bas,
Ici près j'ai vu Judas,
J'ai vu Judas, j'ai vu Judas.

LE DIEU DES BONNES GENS.

Air : du Vaudeville de la Partie Carrée.

Il est un Dieu : devant lui je m'incline.
Pauvre et content, sans lui demander rien.
De l'univers observant la machine,
J'y vois du mal, et n'aime que le bien.

Mais le plaisir à ma philosophie
Révèle assez des cieux intelligens :
Le verre en main, gaîment je me confie
    Au Dieu des bonnes gens.

Dans ma retraite, où l'on voit l'indigence,
Sans m'éveiller, assise à mon chevet,
Grace aux amours, bercé par l'espérance,
D'un lit plus doux je rêve le duvet.
Aux dieux des cours qu'un autre sacrifie !
Moi, qui ne crois qu'à des dieux indulgens,
Le verre en main, gaîment je me confie
    Au Dieu des bonnes gens.

Un conquérant, dans sa fortune altière,
Se fit un jeu des sceptres et des lois ;
Et de ses pieds on peut voir la poussière
Empreinte encor sur le bandeau des rois.
Vous rampiez tous, ô rois qu'on déifie !
Moi, pour braver des maîtres exigeans,
Le verre en main, gaîment je me confie
    Au Dieu des bonnes gens.

Dans nos palais, où, près de la victoire,
Brillaient les arts, doux fruits des beaux climats,

J'ai vu du nord les peuplades sans gloire,
De leurs manteaux secouer les frimas.
Sur nos débris Albion nous défie;
Mais les destins et les flots sont changeans;
Le verre en main, gaîment je me confie
    Au Dieu des bonnes gens.

Quelle menace un prêtre fait entendre!
Nous touchons tous à nos derniers instans;
L'éternité va se faire comprendre:
Tout va finir, l'univers et le temps.
Oh! chérubins, à la face bouffie,
Réveillez donc les morts peu diligens!
Le verre en main, gaîment je me confie
    Au Dieu des bonnes gens.

Mais quelle erreur! non, Dieu n'est point colère;
S'il créa tout, à tout il sert d'appui:
Vins qu'il nous donne, amitié tutélaire,
Et vous, amours, qui créez après lui,
Prêtez un charme à ma philosophie,
Pour dissiper des rêves affligeans.
Le verre en main, que chacun se confie
    Au dieu des bonnes gens!

ADIEUX A DES AMIS.

Air : C'est un lanla landerirette.

D'ICI faut-il que je parte,
Mes amis, quand loin de vous
Je ne puis voir sur la carte
D'asyle pour moi plus doux !
Même au sein de notre ivresse,
Dieux ! je crois être à demain :
Fouette, cocher ! dit la sagesse ;
Et me voilà sur le chemin.

Malgré les sermons du sage,
On pourrait, grace aux plaisirs,
Aux fatigues du voyage
Opposer d'heureux loisirs.
Mais une ardeur importune
En route met chaque humain :
Fouette, cocher ! dit la Fortune ;
Et nous voilà sur le chemin.

Ne va point voir ta maîtresse,
Ne va point au cabaret,
Me vient dire avec rudesse
Un médecin indiscret :
Mais Lisette est si jolie !
Mais si doux est le bon vin !
Fouette, cocher ! dit la Folie ;
Et me voilà sur le chemin.

Parmi vous bientôt, peut-être,
Je chanterai mon retour.
Déja je crois voir renaître
L'aurore d'un si beau jour.
L'allégresse, que j'encense,
A mon paquet met la main.
Fouette, cocher ! dit l'Espérance ;
Et me voilà sur le chemin.

LA RÊVERIE.

Air : La signora malade.

Loin d'une Iris volage
Qu'un seigneur m'enlevait,
Au printemps, sous l'ombrage,
Un jour mon cœur rêvait.
Privé d'une infidèle,
Il rêvait qu'une autre belle
Volait à mon secours.
Venez, venez, venez, mes amours! (*bis.*)

Cette belle était tendre,
Tendre et fière à-la-fois.
Il me semblait l'entendre
Soupirer dans les bois.
C'était une princesse
Qui respirait la tendresse,
Loin de l'éclat des cours.
Venez, venez, venez, mes amours!

Je l'entendais se plaindre
Du poids de la grandeur.
Cessant de me contraindre,
Je lui peins mon ardeur.
Mes yeux versent des larmes,
Ravis de voir tant de charmes
Sous de si beaux atours.
Venez, venez, venez, mes amours !

Telle était la merveille
Dont je flattais mes sens.
Quand soudain mon oreille
S'ouvre aux plus doux accens.
Si c'est vous, ma princesse,
Des roses de la tendresse
Venez semer mes jours.
Venez, venez, venez, mes amours !

Mais, non : c'est la coquette
Du village voisin,
Qui m'offre une conquête,
En corset de basin.
Grandeurs, je vous oublie !
Cette fille est si jolie !
Ses jupons sont si courts !
Venez, venez, venez, mes amours !

BRENNUS,

ou

LA VIGNE PLANTÉE DANS LES GAULES.

AIR nouveau de M. WILHEM,
ou de Pierre le Grand.

BRENNUS disait aux bons Gaulois :
Célébrez un triomphe insigne !
Les champs de Rome ont payé mes exploits,
Et j'en rapporte un cep de vigne :
Grace à la vigne, unissons pour toujours ⎞
L'honneur, les arts, la gloire et les amours ⎠ *bis.*

Privés de son jus tout-puissant,
Nous avons vaincu pour en boire.
Sur nos coteaux, que le pampre naissant
Serve à couronner la victoire,
Grace à la vigne, unissons pour toujours
L'honneur, les arts, la gloire et les amours.

Un jour, par ce raisin vermeil,
Des peuples vous serez l'envie.
Dans son nectar plein des feux du soleil,
Tous les arts puiseront la vie.
Grace à la vigne, unissons pour toujours
L'honneur, les arts, la gloire et les amours.

Quittant nos bords favorisés,
Mille vaisseaux iront sur l'onde,
Chargés de vins, et de fleurs pavoisés,
Porter la joie autour du monde.
Grace à la vigne, unissons pour toujours
L'honneur, les arts, la gloire et les amours.

Femmes, nos maîtres absolus,
Vous qui préparez nos armures,
Que sa liqueur soit un baume de plus
Versé par vous sur nos blessures.
Grace à la vigne, unissons pour toujours
L'honneur, les arts, la gloire et les amours.

Soyons unis, et nos voisins
Apprendront qu'en des jours d'alarmes
Le faible appui que l'on donne aux raisins
Peut vaincre à défaut d'autres armes.

Grace à la vigne, unissons pour toujours
L'honneur, les arts, la gloire et les amours.

Bacchus, d'embellir ses destins
Un peuple hospitalier te prie :
Fais qu'un proscrit, assis à nos festins,
Oublie un moment sa patrie.
Grace à la vigne, unissons pour toujours
L'honneur, les arts, la gloire et les amours.

Brennus alors bénit les cieux,
Creuse la terre avec sa lance ;
Plante la vigne : et les Gaulois, joyeux,
Dans l'avenir ont vu la France.
Grace à la vigne, unissons pour toujours
L'honneur, les arts, la gloire et les amours.

———————

LES CLEFS DU PARADIS.

Air : A coups d'pied, à coups d'poings.

Saint-Pierre perdit, l'autre jour,
Les clefs du céleste séjour;
(L'histoire est vraiment singulière!)
C'est Margot qui, passant par là,
Dans son gousset les lui vola.
          « Je vais, Margot,
        « Passer pour un nigaud;
   « Rendez-moi mes clefs, disait saint Pierre. »

Margoton, sans perdre de temps,
Ouvre le Ciel à deux battans,
(L'histoire est vraiment singulière!)
Dévots fieffés, pécheurs maudits,
Entrent ensemble en paradis.
          « Je vais, Margot,
        « Passer pour un nigaud;
   « Rendez-moi mes clefs, disait saint Pierre. »

On voit arriver en chantant,
Un turc, un juif, un protestant;
(L'histoire est vraiment singulière !)
Puis un pape, l'honneur du corps,
Qui, sans Margot, restait dehors...
          « Je vais, Margot,
     « Passer pour un nigaud;
« Rendez-moi mes clefs, disait saint Pierre. »

Des jésuites, que Margoton
Voit à regret dans ce canton,
(L'histoire est vraiment singulière !)
Sans bruit, à force d'avancer,
Près des anges vont se placer.
          « Je vais, Margot,
     « Passer pour un nigaud;
« Rendez-moi mes clefs, disait saint Pierre.

En vain un fou crie, en entrant,
Que Dieu doit être intolérant;
(L'histoire est vraiment singulière !)
Satan lui-même est bien venu;
La belle en fait un saint cornu.
          « Je vais, Margot.

« Passer pour un nigaud;
« Rendez-moi mes clefs, disait saint Pierre. »

Dieu qui pardonne à Lucifer,
Par décret supprime l'enfer;
(L'histoire est vraiment singulière!)
La douceur va tout convertir:
On n'aura personne à rôtir.
            « Je vais, Margot,
        « Passer pour un nigaud;
« Rendez-moi mes clefs, disait saint Pierre! »

Le paradis devient gaillard,
Et Pierre en veut avoir sa part:
(L'histoire est vraiment singulière!)
Pour venger ceux qu'il a damnés,
On lui ferme la porte au nez.
            « Je vais, Margot,
        « Passer pour un nigaud;
« Rendez-moi mes clefs, disait saint Pierre. »

SI J'ÉTAIS PETIT OISEAU.

(1817.)

AIR nouveau de M. WILHEM,
ou Il faut que l'on file doux.

Moi, qui, même auprès des belles,
Voudrais vivre en passager,
Que je porte envie aux ailes
De l'oiseau vif et léger !
Combien d'espace il visite !
A voltiger tout l'invite :
L'air est doux, le ciel est beau.
Je volerais vite, vite, vite,
Si j'étais petit oiseau.

C'est alors que Philomèle
M'enseignant ses plus doux sons,
J'irais de la pastourelle
Accompagner les chansons.

Puis, j'irais charmer l'ermite
Qui, sans vendre l'eau bénite,
Donne aux pauvres son manteau.
Je volerais vite, vite, vite,
Si j'étais petit oiseau.

Puis j'irais dans le bocage,
Où des buveurs en gaîté,
Attendris par mon ramage,
Ne boiraient qu'à la beauté :
Puis, ma chanson favorite,
Aux guerriers qu'on déshérite,
Ferait chérir le hameau.
Je volerais vite, vite, vite,
Si j'étais petit oiseau.

Puis, j'irais sur les tourelles
Où sont de pauvres captifs,
En leur cachant bien mes ailes,
Former des accords plaintifs.
L'un sourit à ma visite ;
L'autre rêve, dans son gîte,
Aux champs où fut son berceau.
Je volerais vite, vite, vite,
Si j'étais petit oiseau.

Puis, voulant rendre sensible
Un roi qui fuirait l'ennui,
Sur un olivier paisible,
J'irais chanter près de lui :
Puis, j'irais jusqu'où s'abrite
Quelque famille proscrite,
Porter de l'arbre un rameau.
Je volerais vite, vite, vite,
Si j'étais petit oiseau.

Puis, jusques où naît l'aurore,
Vous, méchans, je vous fuirais,
A moins que l'amour encore
Ne me surprît dans ses rets.
Que, sur un sein qu'il agite,
Ce chasseur que nul n'évite,
Me dresse un piége nouveau :
J'y volerais vite, vite, vite,
Si j'étais petit oiseau.

LE BON VIEILLARD.

AIR : Contentons-nous d'une simple bouteille.

JOYEUX enfans, vous que Bacchus rassemble,
Par vos chansons vous m'attirez ici.
Je suis bien vieux ; mais en vain ma voix tremble ;
Accueillez-moi, j'aime à chanter aussi.
Du temps passé j'apporte des nouvelles.
J'ai bu jadis avec le bon Panard.
Amis du vin, de la gloire et des belles,
Daignez sourire aux chansons d'un vieillard.

De me fêter, eh quoi ! chacun s'empresse !
A ma santé coule un vin généreux.
Ce doux accueil enhardit ma vieillesse :
Je crains toujours d'attrister les heureux.
Que les plaisirs vous couvrent de leurs ailes ;
Avec le temps vous compterez plus tard.

Amis du vin, de la gloire et des belles,
Daignez sourire aux chansons d'un vieillard.

Ainsi que vous j'ai vécu de caresses ;
Vos grand'mamans diraient si je leurs plus.
J'eus des châteaux, des amis, des maîtresses ;
Amis, châteaux, maîtresses ne sont plus.
Les souvenirs me sont restés fidèles ;
Aussi parfois je soupire à l'écart.
Amis du vin, de la gloire et des belles,
Daignez sourire aux chansons d'un vieillard.

Dans nos discords, j'ai fait plus d'un naufrage,
Sans fuir jamais la France et son doux ciel.
Au peu de vin que m'a laissé l'orage,
L'orgueil blessé ne mêle point de fiel.
J'ai chanté même aux vendanges nouvelles,
Sur des coteaux dont j'eus long-temps ma part.
Amis du vin, de la gloire et des belles,
Daignez sourire aux chansons d'un vieillard.

Vieux compagnon des guerriers d'un autre âge,
Comme Nestor je ne vous parle pas.
De tous les jours où brilla mon courage,
J'achèterais un jour de vos combats.

Je l'avouerai, vos palmes immortelles
M'ont rendu cher un nouvel étendard.
Amis du vin, de la gloire et des belles,
Daignez sourire aux chansons d'un vieillard.

Sur vos vertus quel avenir se fonde !
Enfans, buvons à mes derniers amours.
La liberté va rajeunir le monde :
Sur mon tombeau brilleront d'heureux jours.
D'un beau printemps aimables hirondelles,
J'ai pour vous voir différé mon départ.
Amis du vin, de la gloire et des belles,
Daignez sourire aux chansons d'un vieillard.

QU'ELLE EST JOLIE!

Air :

Grands dieux! combien elle est jolie,
Celle que j'aimerai toujours!
Dans leur douce mélancolie
Ses yeux font rêver aux amours.
Du plus beau souffle de la vie
A l'animer le Ciel se plaît.
Grands dieux! combien elle est jolie!
Et moi, je suis, je suis si laid!

Grands dieux! combien elle est jolie!
Elle compte au plus vingt printemps.
Sa bouche est fraîche épanouie;
Ses cheveux sont blonds et flottans.
Par mille talens embellie,
Seule elle ignore ce qu'elle est.
Grands dieux! combien elle est jolie!
Et moi, je suis, je suis si laid!

Grands dieux! combien elle est jolie!
Et cependant j'en suis aimé.
J'ai dû long-temps porter envie
Aux traits dont le sexe est charmé.
Avant qu'elle enchantât ma vie,
Devant moi l'amour s'envolait.
Grands dieux! combien elle est jolie!
Et moi, je suis, je suis si laid!

Grands dieux! combien elle est jolie!
Et pour moi ses feux sont constans.
La guirlande qu'elle a cueillie
Ceint mon front chauve avant trente ans.
Voiles qui parez mon amie,
Tombez : mon triomphe est complet.
Grands dieux! combien elle est jolie!
Et moi, je suis, je suis si laid!

~~~~~~

LES CHANTRES DE PAROISSE,

OU

LE CONCORDAT DE 1817.

CHANSON A BOIRE.

(SEPTEMBRE 1817.)

AIR : Du Bastringue.

GLORIA *tibi, Domine !*
    Que tout chantre
    Boive à plein ventre ;
Gloria tibi, Domine !
Le concordat nous est donné.

Buvons, nous, chantres de paroisse,
A qui nous tire enfin d'angoisse.
D'abord, pour ne rien oublier,
Remontons à François premier (1).

____

(1) Le premier article du concordat de 1817 remet
en vigueur celui de François Ier et de Léon X.
~~~~~~

Gloria tibi, Domine !
  Que tout chantre
  Boive à plein ventre ;
Gloria tibi, Domine !
Le concordat nous est donné.

A Gonsalvi buvons un verre ;
Il a deux fois fait même affaire ;
Mais cette fois, de droit divin,
L'église y gagne un pot de vin (1).

Gloria tibi, Domine !
  Que tout chantre
  Boive à plein ventre ;
Gloria tibi, Domine !
Le concordat nous est donné.

Des deux clefs de notre bon pape
L'une du Ciel ouvre la trappe,
Et l'autre aux griffes du légat
Ouvre les coffres de l'état.

---

(1) Ce concordat et celui de 1801 sont l'ouvrage du cardinal Hercule Gonsalvi.

Gloria tibi, Domine !
　Que tout chantre
　Boive à plein ventre;
Gloria tibi, Domine !
Le concordat nous est donné.

Si de nos coqs la voix altière (1)
Troubla l'héritier de saint Pierre,
Grace aux annates, aujourd'hui (2),
Nos poules vont pondre pour lui.

Gloria tibi, Domine !
　Que tout chantre
　Boive à plein ventre;
Gloria tibi, Domine !
Le concordat nous est donné.

Rendons Avignon au Saint Père (3);
Il le veut, et c'est là, j'espère,

---

(1) Le coq figurait sur les drapeaux de la république française.

(2) Les *annates*, redevance payée au Saint-Siége, et consacrée par suite du concordat de François 1er.

(3) Le pape réclame encore Avignon dans la bulle de circonscription des diocèses.

Prouver aux Français dépouillés
Qu'il est un de nos alliés.

Gloria tibi, Domine !
    Que tout chantre
    Boive à plein ventre ;
Gloria tibi, Domine !
Le concordat nous est donné.

Qu'importe qu'à Rome on détruise
Les libertés de notre église (1) ?
Nous devons à nos députés
Déja tant d'autres libertés !

Gloria tibi, Domine !
    Que tout chantre
    Boive à plein ventre ;
Gloria tibi, Domine !
Le concordat nous est donné.

---

(1) Les libertés gallicanes compromises par le concordat de François Ier ; ce qui l'empêcha d'être enregistré dans plusieurs parlemens.

Moines et prieurs vont revivre (1).
Il faut qu'avant peu le grand-livre,
Servant à nos pieux desseins,
Soit mis au rang des livres saints.

Gloria tibi, Domine!
    Que tout chantre
      Boive à plein ventre;
Gloria tibi, Damine!
Le concordat nous est donné.

Dans chaque ville, un séminaire (2)
Désormais sera nécessaire.
C'est un hôpital érigé
Aux enfans trouvés du clergé.

Gloria tibi, Domine!
    Que tout chantre
      Boive à plein ventre;

---

(1) Une des bulles de Pie VII contient ces expressions : *Nous dotons en biens-fonds et en rentes sur l'état les évêques et archevêques*, etc.

(2) Le pape recommande l'érection de nouveaux séminaires.

Gloria tibi, Domine !
Le concordat nous est donné.

Pour les protestans, qu'on tolère (1),
Au Ciel nous craignons de déplaire ;
Mais qu'il nous passe encor long-temps
Nos Suisses qui sont protestans.

Gloria tibi, Domine !
Que tout chantre
Boive à plein ventre ;
Gloria tibi, Domine !
Le concordat nous est donné.

Chantres, pour nous combien d'offices !
Nous n'irons plus, dans les coulisses,
Brailler en chœur à l'Opéra ;
Et l'église nous suffira (2).

---

(1) Lisez la déclaration adressée au Saint-Siége par
M. de Blacas, le 15 juillet 1817.

(2) On assure que plusieurs chantres de paroisse
font partie des chœurs de nos théâtres.

Gloria tibi, Domine !
            Que tout chantre
            Boive à plein ventre ;
Gloria tibi, Domine !
Le concordat nous est donné.

Oui, chantres, c'est à nous de boire :
Ce concordat fait notre gloire ;
Car le bon temps revient grand train,
Où les rois chantaient au lutrin.

Gloria tibi, Domine !
            Que tout chantre
            Boive à plein ventre ;
Gloria tibi, Domine !
Le concordat nous est donné.

L'AVEUGLE DE BAGNOLET.

Air : Ronde de la Ferme et le Château.

A Bagnolet j'ai vu naguère
Certain vieillard toujours content.
Aveugle il revint de la guerre,
Et pauvre il mendie en chantant (*bis*).
Sur sa vielle il redit sans cesse :
« Aux gens de plaisir je m'adresse.
« Ah! donnez, donnez, s'il vous plaît.
Et de lui donner l'on s'empresse.
« Ah! donnez, donnez, s'il vous plaît,
« A l'aveugle de Bagnolet. »

Il a pour guide une fillette ;
Et, près d'aimables étourdis,
A la contredanse il répète :
« Comme vous j'ai dansé jadis (*bis*).
« Vous qui pressez avec ivresse
« La main de plus d'une maitresse,
« Ah! donnez, donnez, s'il vous plaît ;

« J'ai bien employé ma jeunesse.
« Ah ! donnez, donnez, s'il vous plaît,
« A l'aveugle de Bagnolet. »

Il dit aux dames de la ville
Qu'il trouve à de gais rendez-vous :
« Avec Babet, dans cet asyle,
« Combien j'ai ri de son époux (*bis*)!
« Belles, qu'une ombre épaisse attire,
« Là, contre l'hymen tout conspire.
« Ah ! donnez, donnez, s'il vous plaît,
« Les maris me font toujours rire ;
« Ah ! donnez, donnez, s'il vous plaît,
« A l'aveugle de Bagnolet. »

S'il parle à de certaines filles
Dont il fit long-temps ses amours :
« Ah ! leur dit-il, toujours gentilles,
« Aimez bien, et plaisez toujours (*bis*).
« Pour toucher la prude inhumaine,
« Trop souvent ma prière est vaine.
« Ah ! donnez, donnez, s'il vous plaît ;
« Refuser vous fait tant de peine !
« Ah ! donnez, donnez, s'il vous plaît.
« A l'aveugle de Bagnolet. »

Mais aux buveurs sous la tonnelle
Il dit : « Songez bien qu'ici-bas,
« Même quand la vendange est belle,
« Le pauvre ne vendange pas (*bis*).
« Bons vivans que met en goguette
« Le vin d'une vieille feuillette,
« Ah ! donnez, donnez, s'il vous plaît.
« Je me régale de piquette.
« Ah ! donnez, donnez, s'il vous plaît,
« A l'aveugle de Bagnolet. »

D'autres buveurs, francs militaires,
Chantent l'amour à pleine voix ;
Ou gaîment rapprochent leurs verres
Au souvenir de leurs exploits (*bis*).
Il leur dit, ému jusqu'aux larmes :
« De l'amitié goûtez les charmes.
« Ah ! donnez, donnez, s'il vous plaît ;
« Comme vous, j'ai porté les armes !
« Ah ! donnez, donnez, s'il vous plaît,
« A l'aveugle de Bagnolet. »

Faut-il enfin que je le dise ?
On le voit pour son intérêt,
Moins à la porte de l'église,

Qu'à la porte du cabaret. (*bis.*)
Pour ceux que le plaisir couronne,
J'entends sa vielle qui résonne :
« Ah ! donnez, donnez, s'il vous plaît ;
« Le plaisir rend l'ame si bonne !
« Ah ! donnez, donnez, s'il vous plaît,
« A l'aveugle de Bagnolet. »

LA MORT SUBITE.

COUPLETS POUR UN DINER.

AIR : Du ballet des Pierrots.

MES amis, j'accours au plus vite,
Car vous ne pardonneriez pas,
A moins, dit-on, de mort subite,
De manquer à ce gai repas.
En vain l'amour qui me lutine,
Pour m'arrêter tente un effort.
Avec vous il faut que je dîne,
Mes amis, je ne suis pas mort.

Mais bien souvent, quoiqu'heureux d'être,
On meurt sans s'en apercevoir.
Ah! mon Dieu! je suis mort peut-être,
C'est ce qu'il est urgent de voir.
Je me tâte comme Sosie;
Je ris, je mange et je bois fort.
Ah! je me connais à la vie:
Mes amis, je ne suis pas mort.

Si j'allais, couronné de lierre,
Ici, fermer les yeux soudain;
En chantant remplissez mon verre,
Et de vos mains pressez ma main.
Si Bacchus, dont je suis l'apôtre,
Ne m'inspire un joyeux transport,
Si ma main ne serre la vôtre:
Adieu, mes amis, je suis mort!

LE PRINCE DE NAVARRE,

OU

MATHURIN BRUNEAU (1).

Air : Du ballet des Pierrots.

Quoi! tu veux régner sur la France !
Es-tu fou, pauvre Mathurin?
N'échange point ton indigence
Contre tout l'or d'un souverain.
Sur un trône l'ennui se carre,
Fier d'être encensé par des sots.
Croyez-moi, prince de Navarre,
Prince, faites-nous des sabots.

Des leçons que le malheur donne,
Tu n'as donc point tiré de fruit.

(1) Tout le monde se rappelle que Mathurin Bru-
neau, reconnu pour être fils d'un sabotier, affectait
de se donner le titre de Prince de Navarre.

11.

Réclamerais-tu la couronne,
Si le malheur t'avait instruit ?
Cette ambition n'est point rare,
Même ailleurs que chez les héros.
Croyez-moi, prince de Navarre,
Prince, faites-nous des sabots.

Dans le rang que toi-même espères,
Trompé par des flatteurs câlins,
Que de rois se disent les pères
D'enfans qui se croient orphelins !
Régner, c'est n'être point avare
De lois, de rubans, de grands mots.
Croyez-moi, prince de Navarre,
Prince, faites-nous des sabots.

Quand tu combattrais avec gloire,
Sache que plus d'un conquérant
Se voit arracher la victoire
Par un général ignorant.
Un Anglais, aidé d'un Tartare,
Foule aux pieds de nobles drapeaux.
Croyez-moi, prince de Navarre,
Prince, faites-nous des sabots.

Combien d'agents illégitimes
Servent la légitimité !
Trop tard sur les malheurs de Nismes
On éclairerait ta bonté.
Le roi qu'au Pont-neuf on répare
Parle en vain pour les huguenots.
Croyez-moi, prince de Navarre,
Prince, faites-nous des sabots.

De tes maux quel serait le terme,
Si quelques alliés sans foi
Prétendaient que tu tiens à ferme
Le trône que tu dis à toi ?
De jour en jour leur ligue avare
Augmenterait le prix des baux.
Croyez-moi, prince de Navarre,
Prince, faites-nous des sabots.

Enfin pourrais-tu, sans scrupule,
Graissant la patte au Saint-Esprit,
Faire un concordat ridicule
Avec ton père en Jésus-Christ ?
Pour lui redorer sa tiare,
Tu nous surchargerais d'impôts.

Croyez-moi, prince de Navarre,
Prince, faites-nous des sabots.

D'ailleurs ton métier nous arrange.
Nos amis nous ont fait capot.
C'est pour que l'étranger la mange
Que nous mettons la poule au pot.
De nos souliers même on s'empare
Après avoir pris nos manteaux.
Croyez-moi, prince de Navarre,
Prince, faites-nous des sabots.

~~~~~~

LES CINQUANTE ÉCUS.

Air : Martin est fort bon garçon.

Grace à Dieu! je suis héritier!
Le métier
De rentier
Me sied et m'enchante.
Travailler serait un abus;
J'ai cinquante écus,
~~~~~~

J'ai cinquante écus,
J'ai cinquante écus de rente.

Mes amis, la terre est à moi.
J'ai de quoi
Vivre en roi
Si l'éclat me tente.
Les honneurs me sont dévolus;
J'ai cinquante écus,
J'ai cinquante écus,
J'ai cinquante écus de rente.

Pour user des droits d'un richard,
Sans retard
Sur un char
De forme élégante,
Fuyons mes créanciers confus.
J'ai cinquante écus,
J'ai cinquante écus,
J'ai cinquante écus de rente.

Adieu Surène et ses coteaux!
Le Bordeaux,
Le Mursaulx,
L'Aï que l'on chante.

Vont donc enfin m'être connus.
J'ai cinquante écus,
J'ai cinquante écus,
J'ai cinquante écus de rente.

Parez-vous, Lise, mes amours,
Des atours
Que toujours
La richesse invente;
Le clinquant ne vous convient plus :
J'ai cinquante écus,
J'ai cinquante écus,
J'ai cinquante écus de rente.

Pour mes hôtes, vous que je prends,
Amis francs,
Vieux parents,
Sœur jeune et fringante,
Soyez logés, nourris, vêtus;
J'ai cinquante écus,
J'ai cinquante écus,
J'ai cinquante écus de rente.

Amis, bons vins, loisirs, amours,
Pour huit jours,

Des plus courts,
Comblez mon attente;
Le fonds suivra les revenus.
J'ai cinquante écus,
J'ai cinquante écus,
J'ai cinquante écus de rente.

LE CARNAVAL DE 1818.

AIR : A ma Margot du bas en haut.

On crie à la ville, à la cour :
Ah! qu'il est court! Ah! qu'il est court! } *bis*

Des veuves, des filles, des femmes,
Tu dois craindre les épigrammes.
Carnaval, dont chacun pâtit,
Dis-nous qui t'a fait si petit.
Carnaval (*bis*), ah! comment nos belles
T'accueilleront-elles?
On crie à la ville, à la cour:
Ah! qu'il est court! ah! qu'il est court!

Chez nous quand si peu tu demeures,
Des prières de quarante heures
Les heures qu'on retranchera
Sont tout ce qu'on y gagnera.
Carnaval (*bis*), ah! comment nos belles
  T'accueilleront-elles?
On crie à la ville, à la cour :
Ah! qu'il est court! ah! qu'il est court!

Vendu sans doute au ministère,
Tu ne viens qu'afin qu'on t'enterre,
Quand sur toi nous avions compté
Pour quelques jours de liberté.
Carnaval (*bis*), ah! comment nos belles
  T'accueilleront-elles?
On crie à la ville, à la cour :
Ah! qu'il est court! ah! qu'il est court!

Des ministres, oui, je le gage,
A la chambre, on te croit l'ouvrage;
Et contre eux enfin déclaré,
Le ventre même a murmuré.
Carnaval (*bis*), ah! comment nos belles
  T'accueilleront-elles?

On crie à la ville, à la cour :
Ah ! qu'il est court ! ah ! qu'il est court !

Dis-moi, ta maigreur sans égale
Est-elle une leçon morale
Que chez nous, en venant dîner,
Wellington veut encor donner ?
Carnaval (*bis*), ah ! comment nos belles
  T'accueilleront-elles ?
On crie à la ville, à la cour :
Ah ! qu'il est court ! ah ! qu'il est court !

En France on vit de sacrifice.
Aurait-on craint que la police,
Toujours prête à nous égayer,
N'eût trop de masques à payer ?
Carnaval (*bis*), ah ! comment nos belles
  T'accueilleront-elles ?
On crie à la ville, à la cour :
Ah ! qu'il est court ! ah ! qu'il est court !

———

LE RETOUR DANS LA PATRIE.

Air : Suzon sortant de son village.
ou : Votre fortune est faite.

Qu'il va lentement le navire
A qui j'ai confié mon sort!
Au rivage où mon cœur aspire,
Qu'il est lent à trouver un port!
France adorée!
Douce contrée!
Mes yeux cent fois ont cru te découvrir.
Qu'un vent rapide
Soudain nous guide
Aux bords sacrés ou je reviens mourir.
Mais enfin le matelot crie :
Terre! terre! là-bas, voyez !
Ah! tous mes maux sont oubliés.
Salut à ma patrie!   (*ter.*)

Oui, voilà les rives de France;
Oui, voilà le port vaste et sûr.

Voisin des champs où mon enfance
S'écoula sous un chaume obscur.
Frances adorée!
Douce contrée!
Après vingt ans, enfin, je te revois.
De mon village
Je vois la plage;
Je vois fumer la cime de nos toits
Combien mon ame est attendrie!
Là furent mes premier amours;
Là, ma mère m'attend toujours.
Salut à ma patrie!

Loin de mon berceau, jeune encore,
L'inconstance emporta mes pas
Jusqu'au sein des mers où l'aurore
Sourit aux plus riches climats.
France adorée!
Douce contrée!
Dieu te devait leurs fécondes chaleurs.
Toute l'année,
Là, brille ornée
De fleurs, de fruits, et de fruits et de fleurs
Mais là, ma jeunesse flétrie
Rêvait à des climats plus chers:

Là, je regrettais nos hivers.
Salut à ma patrie !

J'ai pu me faire une famille,
Et des trésors m'étaient promis.
Sous un ciel où le sang pétille,
A mes vœux l'amour fut soumis.
France adorée !
Douce contrée !
Que de plaisirs quittés pour te revoir !
Mais sans jeunesse,
Mais sans richesse,
Si d'être aimé je dois perdre l'espoir ;
De mes amours, dans la prairie,
Les souvenirs seront présens ;
C'est du soleil pour mes vieux ans.
Salut à ma patrie !

Poussé chez des peuples sauvages
Qui m'offraient de régner sur eux,
J'ai su défendre leurs rivages
Contre des ennemis nombreux.
France adorée !
Douce contrée !
Tes champs alors gémissaient envahis.

Puissance et gloire,
Cris de victoire,
Rien n'étouffa la voix de mon pays;
De tout quitter mon cœur me prie :
Je reviens pauvre, mais constant.
Une bêche est là qui m'attend.
Salut à ma patrie !

Au bruit des transports d'allégresse,
Enfin le navire entre au port.
Dans cette barque où l'on se presse,
Hâtons-nous d'atteindre le bord.
France adorée !
Douce contrée !
Puissent tes fils te revoir ainsi tous !
Enfin j'arrive,
Et sur la rive
Je rends au ciel, je rends grace à genoux.
Je t'embrasse, ô terre chérie !
Dieu ! qu'un exilé doit souffrir !
Moi, désormais, je puis mourir.
Salut à ma patrie !

———

LE VENTRU,

OU

COMPTE RENDU DE LA SESSION DE 1818, AUX ÉLECTEURS DU DÉPARTEMENT DE.... PAR M***.

Air : J'ons un curé patriote.
ou : Du Sénateur.

Électeurs de ma province,
Il faut que vous sachiez tous
Ce que j'ai fait pour le prince,
Pour la patrie et pour vous.
L'état n'a point dépéri :
Je reviens gras et fleuri.
    Quels dinés,
    Quels dinés
Les ministres m'ont donnés !
Oh ! que j'ai fait de bons dinés ! } bis.

Au ventre toujours fidèle,
J'ai pris, suivant ma leçon.

Place à dix pas de Villèle,
A quinze de d'Argenson.
Car dans ce ventre étoffé
Je suis entré tout truffé.
　　Quels dînés,
　　Quels dînés
Les ministres m'ont donnés !
Oh ! que j'ai fait de bons dîne

Comme il faut au ministère
Des gens qui parlent toujours
Et hurlent pour faire taire
Ceux qui font de bons discour
J'ai parlé, parlé, parlé ;
J'ai hurlé, hurlé, hurlé.
　　Quels dînés,
　　Quels dînés
Les ministres m'ont donnés !
Oh ! que j'ai fait de bons dîné

Si la presse a des entraves
C'est que je l'avais promis
Si j'ai bien parlé des brave
C'est qu'on me l'avait perm
J'aurais voté dans un jour

Dix fois contre et dix fois pour.
Quels dînés,
Quels dînés
Les ministres m'ont donnés!
Oh! que j'ai fait de bons dînés!

J'ai repoussé les enquêtes,
Afin de plaire à la cour:
J'ai, sur toutes les requêtes,
Demandé *l'ordre du jour.*
Au nom du Roi, par mes cris,
J'ai rebanni les proscrits.
Quels dînés,
Quels dînés
Les ministres m'ont donnés!
Oh! que j'ai fait de bons dînés!

Des dépenses de police
J'ai prouvé l'utilité;
Et non moins français qu'un Suisse,
Pour les Suisses j'ai voté.
Gardons bien, et pour raison,
Ces amis de la Maison.
Quels dînés.
Quels dînés

Les ministres m'ont donnés !
Oh ! que j'ai fait de bons dînés !

Malgré des calculs sinistres,
Vous paierez, sans y songer,
L'étranger et les ministres,
Les ventrus et l'étranger.
Il faut que, dans nos besoins,
Le peuple dîne un peu moins.
      Quels dînés,
      Quels dînés
Les ministres m'ont donnés !
Oh ! que j'ai fait de bons dînés !

Enfin, j'ai fait mes affaires :
Je suis procureur du roi ;
J'ai placé deux de mes frères ;
Mes trois fils ont de l'emploi.
Pour les autres sessions,
J'ai cent invitations.
      Quels dînés,
      Quels dînés
Les ministres m'ont donnés !
Oh ! que j'ai fait de bons dînés !

LA COURONNE.

COUPLETS CHANTÉS PAR UN ROI DE LA FÈVE.

Air :

Grace à la fève, je suis roi.
Nous le voulons : versez à boire !
Ça, mes sujets, couronnez-moi !
Et qu'on porte envie à ma gloire.
A l'espoir du rang le plus beau
Point de cœur qui ne s'abandonne.
Nul n'est content de son chapeau ;
Chacun voudrait une couronne.

Un roi sur son front obscurci
Porte une couronne éclatante.
Le pâtre a sa couronne aussi,
Couronne de fleurs qui me tente.
A l'un le ciel la fait payer ;
Mais au berger l'amour la donne :

Le roi l'ôte pour sommeiller ;
Colin dort avec sa couronne.

Le Français, poëte et guerrier,
Sert les muses et la victoire.
Le front ceint d'un double laurier,
Il triomphe et chante sa gloire.
Quand du rang qu'il doit occuper
Il tombe, trahi par Bellone,
Le sceptre lui peut échapper,
Mais il conserve sa couronne.

Belles, vous portez à quinze ans
La couronne de l'innocence ;
Bientôt viennent les courtisans ;
Comme les rois on vous encense ;
Comme eux de piéges séducteurs
L'artifice vous environne :
Vous n'écoutez que vos flatteurs,
Et vous perdez votre couronne.

Perdre une couronne ! A ces mots
Chacun doit penser à la sienne.
Je n'ai point doublé les impôts ;
Je n'ai point de noblesse ancienne.

Mon peuple, buvons de concert :
La place me paraît si bonne !
N'allez pas avant le dessert
Me faire abdiquer la couronne.

LES MISSIONNAIRES.

(1819.)

Air : *Le cœur à la danse, un rigaudon zigzag*

Satan dit un jour à ses pairs :
  On en veut à nos hordes.
C'est en éclairant l'univers,
  Qu'on éteint les discordes.
  Par brevet d'invention,
  J'ordonne une mission.
  En vendant des prières,
Vîte, soufflons, soufflons, morbleu ! *bis.*
  Éteignons les lumières,
  Et rallumons le feu.

Exploitons en diables cafards,
    Hameau, ville et banlieue.
D'Ignace imitons les renards,
    Cachons bien notre queue.
  Au nom du Père et du Fils,
  Gagnons sur les crucifix.
    En vendant des prières,
Vite, soufflons, soufflons, morbleu!
    Éteignons les lumières,
    Et rallumons le feu.

Que de miracles on va voir,
    Si le ciel ne s'en mêle!
Sur des biens qu'on voudrait ravoir,
    Faisons tomber la grêle.
  Publions que Jésus-Christ
  Par la poste nous écrit.
    · En vendant des prières,
Vite, soufflons, soufflons, morbleu!
    Éteignons les lumières,
    Et rallumons le feu.

Chassons les autres baladins;
    Divisons les familles.
En jetant la pierre aux mondains,

Perdons femmes et filles ;
Que tout le sexe enflammé
Nous chante un *aspergès me*.
En vendant des prières,
Vite, soufflons, soufflons, morbleu !
Éteignons les lumières,
Et rallumons le feu.

Par Ravaillac et Jean Châtel,
Plaçons dans chaque prône,
Non point le trône sur l'autel,
Mais l'autel sur le trône.
Comme aux bons temps féodaux,
Que les rois soient nos bedeaux.
En vendant des prières,
Vite, soufflons, soufflons, morbleu !
Éteignons les lumières,
Et rallumons le feu.

L'Intolérance, front levé,
Reprendra son allure ;
Les protestans n'ont point trouvé
D'onguent pour la brûlure.
Les philosophes aussi
Déja sentent le roussi.

En vendant des prières,
Vite, soufflons, soufflons, morbleu!
Éteignons les lumières,
Et rallumons le feu.

Le Diable, après ce mandement,
Vient convertir la France :
Guerre au nouvel enseignement,
Et gloire à l'ignorance!
Le jour fuit, et les cagots
Dansent autour des fagots.
En vendant des prières,
Vite, soufflons, soufflons, morbleu!
Éteignons les lumières,
Et rallumons le feu.

———

LE BON MÉNAGE.

Air : De la Légère.
ou : Moi je flane.

Commissaire !
Commissaire !
Colin bat sa ménagère.
Commissaire,
Laissez faire ;
Pour l'amour
C'est un beau jour.

Commissaire du quartier,
Cela point ne vous regarde ;
Point n'est besoin de la garde
Qu'appelle en vain le portier.
Oui, Colin bat sa Colette ;
Mais ainsi, tous les lundis,
L'amour, aux cris qu'elle jette,
S'éveille dans leur taudis.

Commissaire !
Commissaire !
Colin bat sa ménagère,
Commissaire,
Laissez faire ;
Pour l'amour
C'est un beau jour.

Colin est un gros garçon
Qui chante dès qu'il s'éveille.
Colette, ronde et vermeille,
A la gaîté du pinson.
Chez eux la haine est sans force ;
Car tous deux de leur plein gré,
Pour se passer du divorce,
Se sont passés du curé.

Commissaire !
Commissaire !
Colin bat sa ménagère.
Commissaire,
Laissez faire ;
Pour l'amour
C'est un beau jour.

13.

Bras dessus et bras dessous,
Chaque soir, à la guinguette,
S'en vont Colin et Colette
Sabler du vin à six sous.
C'est pour trinquer sous l'ombrage
Où, sans témoin, fut passé
Leur contrat de mariage
Sur un banc qu'ils ont cassé.

Commissaire !
Commissaire !
Colin bat sa ménagère.
Commissaire,
Laissez faire ;
Pour l'amour
C'est un beau jour.

Parfois, pour d'autres attraits
Colin se met en dépense ;
Mais Colette a pris l'avance,
Et s'en venge encore après.
On aura fait queique conte,
Et de dépit transportés
Peut-être ils règlent le compte
De leurs infidélités.

Commissaire !
Commissaire !
Colin bat sa ménagère.
Commissaire,
Laissez faire ;
Pour l'amour
C'est un beau jour.

Commissaire du quartier,
Cela point ne vous regarde ;
Point n'est besoin de la garde
Qu'appelle en vain le portier.
Déja, sans doute, on s'embrasse ;
Et dans son lit, à loisir,
Demain Colette, un peu lasse,
Ne s'en prendra qu'au plaisir.

Commissaire !
Commissaire !
Colin bat sa ménagère.
Commissaire,
Laissez faire ;
Pour l'amour
C'est un beau jour.

LE CHAMP D'ASYLE.

(AOUT 1818.)

AIR : Romance de Bélisaire. (Par GARAT.)

Un chef de bannis courageux,
Implorant un lointain asyle,
A des sauvages ombrageux
Disait : « L'Europe nous exile.
« Heureux enfans de ces forêts,
« De nos maux apprenez l'histoire :
« Sauvages ! nous sommes Français,
« Prenez pitié de notre gloire.

« Elle épouvante encor les rois,
« Et nous bannit des humbles chaumes
« D'où sortis pour venger nos droits
« Nous avons dompté vingt royaumes.
« Nous courions conquérir la paix
« Qui fuyait devant la victoire.

« Sauvages ! nous sommes Français,
« Prenez pitié de notre gloire.

« Dans l'Inde, Albion a tremblé
« Quand de nos soldats intrépides
« Les chants d'allégresse ont troublé
« Les vieux échos des Pyramides.
« Les siècles pour tant de hauts faits
« N'auront point assez de mémoire.
« Sauvages ! nous sommes Français,
' Prenez pitié de notre gloire.

« Un homme enfin sort de nos rangs,
« Il dit : « Je suis le dieu du monde. »
« L'on voit soudain les rois errans
« Conjurer sa foudre qui gronde.
« De loin saluant son palais,
« A ce dieu seul ils semblaient croire.
« Sauvages ! nous sommes Français,
« Prenez pitié de notre gloire.

« Mais il tombe ; et nous, vieux soldats,
« Qui suivions un compagnon d'armes,
« Nous voguons jusqu'en vos climats,
« Pleurant la patrie et ses charmes,

« Qu'elle se relève à jamais
« Du grand naufrage de la Loire !
« Sauvages ! nous sommes Français,
« Prenez pitié de notre gloire. »

Il se tait. Un sauvage alors
Répond : « Dieu calme les orages.
« Guerriers ! partagez nos trésors,
« Ces champs, ces fleuves, ces ombrages.
« Gravons sur l'arbre de la paix
« Ces mots d'un fils de la victoire :
« Sauvages ! nous sommes Français,
« Prenez pitié de notre gloire. »

Le champ d'asyle est consacré ;
Élevez-vous, cité nouvelle !
Soyez-nous un port assuré
Contre la fortune infidèle.
Peut-être aussi des plus hauts faits
Nos fils vous racontant l'histoire,
Vous diront : Nous sommes Français,
Prenez pitié de notre gloire.

LA MORT DE CHARLEMAGNE.

Air : Le bruit des roulettes gâte tout.
ou : Vaudeville du Bûcheron.

Dans le vieux Roman de la Rose
J'ai lu que le fils de Pépin,
Redoutant son apothéose,
Disait à l'évêque Turpin :
Prélat, sois bon à quelque chose ;
L'âge m'accable, guéris-moi.
Oui, lui dit Turpin, et vive le roi *(bis)* !

Turpin, sais-tu qu'on me répète
Ce mot-là depuis bien long-temps ?
Turpin répond : j'ai la recette
D'un cœur de vierge de vingt ans.
Fleur de vingt ans, vertu parfaite
Vous rajeunira, sur ma foi.
Sauvons la patrie, et vive le roi *(bis)* !

Vite, un Décret de Charlemagne
Met un haut prix à ce trésor ;
On cherche à Rome, en Allemagne,
Même en France on le cherche encor.
Les curés cherchaient en campagne,
Disant : Ce prince plein de foi
Doublera la dîme, et vive le roi (*bis*) !

Turpin d'abord trouve lui-même
Cœur de vingt ans non profané ;
Mais un bon moine de Télème
Le croque à l'instant sous son né.
Quoi ! sans respect du diadème ?
Oui, dit le moine, c'est ma loi.
L'église avant tout, et vive le roi (*bis*) !

Un juge, espérant la simarre,
Loin de Paris cherche si bien,
Qu'il découvre aussi l'oiseau rare
Qu'attendait le roi très-chrétien.
Un seigneur dit : Je m'en empare ;
Le droit de jambage est à moi.
Tout pour la noblesse, et vive le roi (*bis*) !

Je serai duc ! s'écrie un page,
Dénichant enfin à son tour

Fille de vingt ans neuve et sage,
Que soudain il mène à la cour.
On illumine à son passage ;
Et le peuple, qui sait pourquoi,
Chante un *Te Deum*, et vive le roi *(bis)* !

Mais en voyant le doux remède,
Le roi dit : C'est l'esprit malin.
Fi donc ! cette vierge est trop laide ;
Mieux vaut mourir comme un vilain.
Or, il meurt ; son fils lui succède,
Et Turpin répète au convoi :
Vite, qu'on l'enterre, et vive le roi *(bis)* !

———

LE VENTRU

AUX ÉLECTIONS DE 1819.

Air : Faut d' la vertu.
ou : La seul' prom'nade.

Autour du pot c'est trop tourner,
Messieurs ! l'on m'attend pour dîner. *bis.*

Électeurs, j'ai sans nul mystère
Fait de bons dîners l'an passé ;
On met la table au ministère,
Renommez-moi, je suis pressé.

Autour du pot c'est trop tourner,
Messieurs ! l'on m'attend pour dîner.

Préfet, que tout nous réussisse ;
Et du moins vous conserverez,
Si l'on vous traduit en justice,
Le droit de choisir les jurés.

Au tour du pot c'est trop tourner,
Messieurs ! l'on m'attend pour dîner.

Maire, soignez bien mes affaires ;
Vous courez aussi des dangers.
Si les villes nommaient leurs maires,
Moins de loups deviendraient bergers.

Autour du pot c'est trop tourner,
Messieurs ! l'on m'attend pour dîner.

Dévots, j'ai la foi la plus forte ;
A Dieu je dis chaque matin :
Faites qu'à cent écus l'on porte
La patente d'ignorantin.

Autour du pot c'est trop tourner,
Messieurs ! l'on m'attend pour dîner.

Ultras, c'est moi qu'il faut qu'on nomme ;
Faisons la paix, preux chevaliers :
N'oubliez pas que je suis homme
A manger à deux rateliers.

Autour du pot c'est trop tourner,
Messieurs ! l'on m'attend pour dîner.

Libéraux, dans vos doléances,
Pourquoi donc vous en prendre à moi,
Quand le creuset des ordonnances
Peut faire évaporer la loi ?

Autour du pot c'est trop tourner,
Messieurs ! l'on m'attend pour dîner.

Les emplois étant ma ressource,
Aux impôts dois-je m'opposer ?
Par honneur je remplis la bourse
Où par devoir j'aime à puiser.

Autour du pot c'est trop tourner,
Messieurs ! l'on m'attend pour dîner.

On craindrait l'équité farouche
D'un tas d'orateurs éclatans ;
Moi, dès que j'ouvrirai la bouche,
Les ministres seront contens.

Autour du pot c'est trop tourner,
Messieurs ! l'on m'attend pour dîner.

LA NATURE.

AIR : Ah ! que de chagrins dans la vie. (LANTARA.)

COMBIEN la nature est féconde
En plaisirs ainsi qu'en douleurs !
De noirs fléaux couvrent le monde
De débris, de sang et de pleurs (*bis*).
Mais à ses pieds la beauté nous attire ;
Mais des raisins le nectar est foulé.
Coulez, bons vins ; femmes, daignez sourire ; ⎱ *bis.*
    Et l'univers est consolé. ⎰

Chaque pays eut son déluge.
Hélas ! peut-être, jour et nuit,
Une arche est encor le refuge
De mortels que l'onde poursuit.
Sitôt qu'Iris brille sur leur navire,
Et que vers eux la colombe a volé,
Coulez, bons vins ; femmes, daignez sourire ;
    Et l'univers est consolé.

Quel autre champ de funérailles !
L'Etna s'agite, et, furieux,
Semble du fond de ses entrailles
Vomir l'enfer contre les cieux.
Mais pour renaître enfin sa rage expire :
Il se rassoit sur le monde ébranlé.
Coulez, bons vins ; femmes, daignez sourire ;
Et l'univers est consolé.

Dieu ! que de souffrances nouvelles !
L'affreux vautour de l'Orient,
La peste a déployé ses ailes
Sur l'homme, qui tombe en fuyant.
Le ciel s'apaise et la pitié respire.
On tend la main au malade exilé.
Coulez, bons vins ; femmes, daignez sourire ;
Et l'univers est consolé.

Mars enfin comble nos misères :
Des rois nous payons les défis.
Humide encor du sang des pères,
La terre boit le sang des fils.
Mais l'homme aussi se lasse de détruire,
Et la nature à son cœur a parlé.

Coulez, bons vins; femmes, daignez sourire;
    Et l'univers est consolé.

Ah! loin d'accuser la nature,
Du printemps chantons le retour:
Des roses de sa chevelure
Parfumons la joie et l'amour.
Malgré l'horreur que l'esclavage inspire,
Sur les débris d'un empire écroulé
Coulez, bons vins; femmes, daignez sourire;
    Et l'univers est consolé.

LES CARTES, ou L'HOROSCOPE.

Air : De la petite Gouvernante.
ou : De la République.

Tandis qu'en faisant sa prière,
Au coin du feu maman s'endort,
Peu faite pour être ouvrière,
Dans les cartes cherchons mon sort.
Maman dirait : craignez les bagatelles!
Le Diable est fin. Tremblez, Suzon!

Mais j'ai seize ans : les cartes seront belles. } *bis.*
   Les cartes ont toujours raison,
   Toujours raison, toujours raison.

   Amour, enfant ou mariage,
   Sachons ce qui m'attend ici.
   J'ai certain amant qui voyage :
   Valet de cœur ? Bon ! le voici.
Pour une veuve, aux pleurs il me condamne.
   L'ingrat l'épouse, ô trahison !
J'entre au couvent; mon confesseur se damne.
   Les cartes ont toujours raison,
   Toujours raison, toujours raison.

   Au parloir, témoin de mes larmes,
   Le roi de carreau vient souvent :
   C'est un prince épris de mes charmes;
   Il m'enlève de mon couvent.
Par des cadeaux son Altesse m'entraîne
   Jusqu'à sa petite maison.
La nuit survient, et je suis presque reine.
   Les cartes ont toujours raison,
   Toujours raison, toujours raison.

   Je suis le prince à la campagne;
   On vient lui parler contre moi.

En secret un brun m'accompagne;
   Tout se découvre : adieu mon roi !
Un de perdu, j'en vois arriver douze;
   J'enflamme un campagnard grison :
Je suis cruelle, et celui-là m'épouse.
   Les cartes ont toujours raison,
   Toujours raison, toujours raison.

   En ménage d'une semaine,
   Dans un char je brille à Paris.
   C'est le roi de trèfle qui mène;
   Mon mari gronde, et je m'en ris :
Dieu ! l'amour fuit à l'aspect d'une vieille !
   En ai-je passé la saison ?
Eh ! non vraiment, c'est maman qui s'éveille.
   Les cartes ont toujours raison,
   Toujours raison, toujours raison.

LA SAINTE ALLIANCE

DES PEUPLES.

CHANSON CHANTÉE A LIANCOURT, POUR LA FÊTE DONNÉE
PAR M. LE DUC DE LA ROCHEFOUCAULT, EN RÉJOUIS-
SANCE DE L'ÉVACUATION DU TERRITOIRE FRANÇAIS,
AU MOIS D'OCTOBRE 1818.

Air : Du Dieu des bonnes gens.

J'ai vu la paix descendre sur la terre,
Semant de l'or, des fleurs et des épis.
L'air était calme, et du Dieu de la guerre
Elle étouffait les foudres assoupis.
« Ah ! disait-elle, égaux par la vaillance,
« Français, Anglais, Belge, Russe ou Germain,
« Peuples, formez une sainte alliance,
  « Et donnez-vous la main.

« Pauvres mortels, tant de haine vous lasse ;
« Vous ne goûtez qu'un pénible sommeil.
« D'un globe étroit divisez mieux l'espace ;

« Chacun de vous aura place au soleil.
« Tous attelés au char de la puissance,
« Du vrai bonheur vous quittez le chemin.
« Peuples, formez une sainte alliance,
        « Et donnez-vous la main.

« Chez vos voisins vous portez l'incendie ;
« L'aquilon souffle, et vos toits sont brûlés ;
« Et quand la terre est enfin refroidie,
« Le soc languit sous des bras mutilés.
« Près de la borne où chaque état commence,
« Aucun épi n'est pur de sang humain.
« Peuples, formez une sainte alliance,
        « Et donnez-vous la main.

« Des potentats, dans vos cités en flammes,
« Osent du bout de leur sceptre insolent
« Marquer, compter et recompter les ames
« Que leur adjuge un triomphe sanglant.
« Faibles troupeaux, vous passez sans défense,
« D'un joug pesant, sous un joug inhumain.
« Peuples, formez une sainte alliance,
        « Et donnez-vous la main.

« Que Mars en vain n'arrête point sa course ;
« Fondez des lois dans vos pays souffrans.

« De votre sang ne livrez plus la source
« Aux rois ingrats, aux vastes conquérans.
« Des astres faux conjurez l'influence ;
« Effroi d'un jour, ils pâliront demain.
« Peuples, formez une sainte alliance,
        « Et donnez-vous la main.

« Oui, libre enfin, que le monde respire ;
« Sur le passé jetez un voile épais.
« Semez vos champs aux accords de ma lyre ;
« L'encens des arts doit brûler pour la paix.
« L'espoir riant, au sein de l'abondance,
« Accueillera les doux fruits de l'hymen.
« Peuples, formez une sainte alliance,
        « Et donnez-vous la main. »

Ainsi parlait cette vierge adorée,
Et plus d'un roi répétait ses discours.
Comme au printemps la terre était parée ;
L'automne en fleurs rappelait les amours.
Pour l'étranger coulez, bons vins de France :
De sa frontière il reprend le chemin.
Peuples, formons une sainte alliance,
        Et donnons-nous la main.

ROSETTE.

Air :

Sans respect pour votre printemps,
Quoi ! vous me parlez de tendresse,
Quand sous le poids de quarante ans
Je vois succomber ma jeunesse !
Je n'eus besoin pour m'enflammer
Jadis que d'une humble grisette.
Ah ! que ne puis-je vous aimer
Comme autrefois j'aimais Rosette !

Votre équipage, tous les jours,
Vous montre en parure brillante.
Rosette, sous de frais atours,
Courait à pied, leste et riante.
Partout ses yeux pour m'alarmer
Provoquaient l'œillade indiscrète.
Ah ! que ne puis-je vous aimer
Comme autrefois j'aimais Rosette !

Dans le satin de ce boudoir,
Vous souriez à mille glaces.

Rosette n'avait qu'un miroir :
Je le croyais celui des Graces.
Point de rideaux pour s'enfermer ;
L'aurore égayait sa couchette.
Ah ! que ne puis-je vous aimer
Comme autrefois j'aimais Rosette !

Votre esprit, qui brille éclairé,
Inspirerait plus d'une lyre.
Sans honte je vous l'avoûrai,
Rosette à peine savait lire.
Ne pouvait-elle s'exprimer,
L'amour lui servait d'interprète.
Ah ! que ne puis-je vous aimer
Comme autrefois j'aimais Rosette !

Elle avait moins d'attraits que vous ;
Même elle avait un cœur moins tendre :
Oui, ses yeux se tournaient moins doux
Vers l'amant, heureux de l'entendre.
Mais elle avait, pour me charmer,
Sa jeunesse, que je regrette.
Ah ! que ne puis-je vous aimer
Comme autrefois j'aimais Rosette !

LES RÉVÉRENDS PÈRES.

(DÉCEMBRE 1819.)

Air : Bon jour, mon ami Vincent,
ou : Patati patata.

Hommes noirs, d'où sortez-vous ?
Nous sortons de dessous terre.
Moitié renards, moitié loups,
Notre règle est un mystère.
Nous sommes fils de Loyola ;
Vous savez pourquoi l'on nous exila.
Nous rentrons ; songez à vous taire,
Et que vos enfans suivent nos leçons.
C'est nous qui fessons
Et qui refessons
Les jolis petits, les jolis garçons.

Un pape nous abolit :
Il mourut dans les coliques.
Un pape nous rétablit ;

Nous en ferons des reliques.
Confessons, pour être absolus :
Henri IV est mort, qu'on n'en parle plus.
Vivent les rois bons catholiques !
Pour Ferdinand VII nous nous prononçons.
Et puis nous fessons,
Et nous refessons
Les jolis petits, les jolis garçons.

Par le grand homme du jour
Nos maisons sont protégées.
Oui, d'un baptême de cour
Voyez en nous les dragées (1).
Le favori par tant d'égards
Espère acquérir de pieux mouchards.
Encor quelques lois de changées,
Et, pour le sauver, nous le renversons.
Et puis nous fessons,
Et nous refessons
Les jolis petits, les jolis garçons.

Si tout ne changeait dans peu,
Si l'on croyait la canaille,

---

(1) M. le duc D.,... venait de faire baptiser son fils.

La charte serait de feu,
Et le monarque de paille.
Nous avons le secret d'en haut :
La charte de paille est ce qu'il nous faut.
C'est litière pour la prêtraille :
Elle aura la dîme et nous les moissons.
Et puis nous fessons,
Et nous refessons
Les jolis petits, les jolis garçons.

Du fond d'un certain palais,
Nous dirigeons nos attaques.
Les moines sont nos valets :
On a refait leurs casaques.
Les missionnaires sont tous
Commis voyageurs, trafiquant pour nous.
Les capucins sont nos cosaques :
A prendre Paris nous les exerçons.
Et puis nous fessons,
Et nous refessons
Les jolis petits, les jolis garçons.

Enfin, reconnaissez-nous
Aux ames déja séduites.
Escobard va sous nos coups

Voir vos écoles détruites.

Au pape rendez tous ses droits;

Léguez-nous vos biens et portez nos croix :

Nous sommes, nous sommes jésuites.

Français, tremblez tous; nous vous bénissons!

Et puis nous fessons,

Et nous refessons

Les jolis petits, les jolis garçons.

LES ENFANS DE LA FRANCE.

(1819.)

Air : Vaudeville de Turenne.
ou : De la Colonne.

Reine du monde, ô France, ô ma patrie!
Soulève enfin ton front cicatrisé.
Sans qu'à tes yeux leur gloire en soit flétrie,
De tes enfans l'étendard s'est brisé (*bis*).
Quand la fortune outrageait leur vaillance,
Quand de tes mains tombait ton sceptre d'or,

Tes ennemis disaient encor :
Honneur aux enfans de la France (*bis*) !

De tes grandeurs tu sus te faire absoudre,
France, et ton nom triomphe des revers.
Tu peux tomber, mais c'est comme la foudre
Qui se relève et gronde au haut des airs.
Le Rhin aux bords ravis à ta puissance
Porte à regret le tribut de ses eaux ;
    Il crie au fond de ses roseaux :
    Honneur aux enfans de la France !

Pour effacer des coursiers du Barbare
Les pas empreints dans tes champs profanés,
Jamais le ciel te fut-il moins avare ?
D'épis nombreux vois ces champs couronnés.
D'un vol fameux prompts à venger l'offense,
Vois les beaux-arts consolant leurs autels,
    Y graver en traits immortels :
    Honneur aux enfans de la France.

Prête l'oreille aux accens de l'histoire :
Quel peuple ancien devant toi n'a tremblé ?
Quel nouveau peuple, envieux de ta gloire,
Ne fut cent fois de ta gloire accablé ?

En vain l'Anglais a mis dans la balance
L'or que pour vaincre ont mendié les rois,
   Des siècles entends-tu la voix ?
   Honneur aux enfans de la France !

Dieu, qui punit le tyran et l'esclave,
Veut te voir libre, et libre pour toujours.
Que tes plaisirs ne soient plus une entrave :
La liberté doit sourire aux amours.
Prends son flambeau, laisse dormir sa lance ;
Instruis le monde, et cent peuples divers
   Chanteront en brisant leurs fers :
   Honneur aux enfans de la France !

Relève-toi, France, reine du monde !
Tu vas cueillir tes lauriers les plus beaux.
Oui, d'âge en âge, une palme féconde
Doit de tes fils protéger les tombeaux.
Que près du mien, telle est mon espérance,
Pour la patrie admirant mon amour,
   Le voyageur répète un jour :
   Honneur aux enfans de la France !

LES MIRMIDONS,

ou

LES FUNÉRAILLES D'ACHILLE.

(décembre 1819.)

Air : Vaudeville de la Garde nationale.
ou : Petit bonhomme, prends ta hache.

CHOEUR.

Mirmidons, race féconde,
  Mirmidons,
 Enfin nous commandons :
Jupiter livre le monde
Aux mirmidons, aux mirmidons. *(bis.)*

Voyant qu'Achille succombe,
Ses mirmidons, hors des rangs,
Disent : Dansons sur sa tombe :
Les petits vont être grands.

Mirmidons, race féconde,
Mirmidons,
Enfin nous commandons:
Jupiter livre le monde
Aux mirmidons, aux mirmidons.

D'Achille tournant les broches,
Pour engraisser nous rampions:
Il tombe, sonnons les cloches;
Allumons tous nos lampions.

Mirmidons, race féconde,
Mirmidons,
Enfin nous commandons:
Jupiter livre le monde
Aux mirmidons, aux mirmidons.

De l'armée et de la flotte
Les gens seront mal menés.
Rendons leur les coups de botte
Qu'Achille nous a donnés.

Mirmidons, race féconde,
Mirmidons,
Enfin nous commandons

Jupiter livre le monde
Aux mirmidons, aux mirmidons.

Toi, *Mironton, mirontaine,*
Prends l'arme de ce héros :
Puis, en vrai Croquemitaine,
Tu feras peur aux marmots.

Mirmidons, race féconde,
        Mirmidons,
    Enfin nous commandons :
Jupiter livre le monde
Aux mirmidons, aux mirmidons

De son habit de bataille,
Qu'ont respecté les boulets,
A dix rois de notre taille
Faisons dix habits complets.

Mirmidons, race féconde,
        Mirmidons,
    Enfin nous commandons :
Jupiter livre le monde
Aux mirmidons, aux mirmidons.

Son sceptre, qu'on nous défère,
Est trop pesant et trop long;
Son fouet fait mieux notre affaire :
Trottez, peuples, trottez donc !

Mirmidons, race féconde,
    Mirmidons,
  Enfin nous commandons :
Jupiter livre le monde
Aux mirmidons, aux mirmidons.

Qu'un Nestor en vain nous crie :
L'ennemi fait des progrès !
Ne parlons plus de patrie,
L'on nous écoute au congrès.

Mirmidons, race féconde,
    Mirmidons,
  Enfin nous commandons :
Jupiter livre le monde
Aux mirmidons, aux mirmidons.

Forçant les lois à se taire,
Gouvernons sans embarras,
Nous, qui mesurons la terre
A la longueur de nos bras.

Mirmidons, race féconde,
    Mirmidons,
  Enfin nous commandons;
Jupiter livre le monde
Aux mirmidons, aux mirmidons.

Achille était poétique;
Mais, morbleu! nous l'effaçons.
S'il inspire une œuvre épique,
Nous inspirons des chansons.

Mirmidons, race féconde,
    Mirmidons,
  Enfin nous commandons;
Jupiter livre le monde
Aux mirmidons, aux mirmidons.

Pourtant, d'une peur servile
Parfois rien ne nous défend.
Grands dieux! c'est l'ombre d'Achille!
Eh! non: ce n'est qu'un enfant.

Mirmidons, race féconde,
    Mirmidons,

Enfin nous commandons;
Jupiter livre le monde
Aux mirmidons, aux mirmidons.

LES ROSSIGNOLS.

Air : C'est à mon maître en l'art de plaire.

La nuit a ralenti les heures :
Le sommeil s'étend sur Paris.
Charmez l'écho de nos demeures ;
Éveillez-vous, oiseaux chéris.
Dans ces instans où le cœur pense,
Heureux qui peut rentrer en soi !
De la nuit j'aime le silence ;
Doux rossignols, chantez pour moi (*bis*).

Doux chantres de l'amour fidèle,
De Phryné fuyez le séjour :
Phryné rend chaque nuit nouvelle
Complice d'un nouvel amour.
En vain des baisers sans ivresse

Ont scellé des sermens sans foi;
Je crois encore à la tendresse :
Doux rossignols, chantez pour moi.

Pour vous il n'est point de Zoïle;
Mais croyez-vous, par vos accords,
Toucher l'avare, au cœur stérile,
Qui compte à présent ses trésors?
Quand la nuit, favorable aux ruses,
Pour son or le remplit d'effroi,
Ma pauvreté sourit aux muses :
Doux rossignols, chantez pour moi.

Vous qui redoutez l'esclavage,
Ah! refusez vos tendres airs
A ces nobles qui, d'âge en âge,
Pour en donner portent des fers.
Tandis qu'ils veillent en silence,
Debout, auprès du lit d'un roi,
C'est la liberté que j'encense :
Doux rossignols, chantez pour moi.

Mais votre voix devient plus vive :
Non, vous n'aimez pas les méchans.
Du printemps le parfum m'arrive

Avec la douceur de vos chants.
La nature, plus belle encore,
Dans mon cœur va graver sa loi.
J'attends le réveil de l'aurore :
Doux rossignols, chantez pour moi.

HALTE-LA !

ou

LE SYSTÊME DES INTERPRÉTATIONS.

CHANSON DE FÊTE POUR MARIE ***.

(1820.)

AIR : Halte-là, la Garde Royale est là.

Comment sans vous compromettre,
Vous tourner un compliment ?
De ne rien prendre à la lettre,
Nos juges ont fait serment.
Puis-je parler de Marie ?
V......... dira : Non.

« C'est la mère d'un messie,
« Le deuxième de son nom.
          « Halte-là (*bis*) !
« Vite, en prison pour cela.

Dirai-je que la nature
Vous combla d'heureux talens ;
Que les dieux de la peinture
Sont touchés de votre encens ;
Que votre ame encor brisée
Pleure un vol fait par des rois ?
« Ah ! vous pleurez le Musée,
Dit M........ *le Gaulois*.
          « Halte-là !
« Vite, en prison pour cela.

Si je dis que la musique
Vous offre aussi des succès ;
Qu'à plus d'un chant héroïque
S'émeut votre cœur français :
« On ne m'en fait point accroire,
S'écrie H.... radieux :
« Chanter la France et la gloire,
« C'est par trop séditieux. »

16.

« Halte-là !
« Vite, en prison pour cela.

Si je peins la bienfaisance,
Et les pleurs qu'elle tarit ;
Si je chante l'opulence
A qui le pauvre sourit ;
J....... d. P........
Dit : « La bonté rend suspect ;
« Et soulager l'infortune,
« C'est nous manquer de respect. »
        « Halte-là !
« Vite, en prison pour cela.

En vain l'amitié m'inspire :
Je suis effrayé de tout.
A peine j'ose vous dire
Que c'est le quinze d'août.
« Le quinze d'août ! s'écrie
B...... toujours en fureur :
« Vous ne fêtez pas Marie ;
« Mais vous fêtez l'Empereur !
        « Halte-là !
« Vite, en prison pour cela.

Je me tais donc par prudence,
Et n'offre que quelques fleurs.
Grand Dieu! quelle inconséquence!
Mon bouquet a trois couleurs.
Si cette erreur fait scandale,
Je puis me perdre avec vous.
Mais la clémence royale
Est là pour nous sauver tous......
      Halte-là!
Vite, en prison pour cela.

———

L'ENFANT DE BONNE MAISON,

OU

MÉMOIRE PRÉSENTÉ A MM. DE L'ÉCOLE DES CHARTRES,
CRÉÉE PAR UNE NOUVELLE ORDONNANCE.

AIR : De la Treille de sincérité.

Seuls arbitres
Du sceau des titres,
Chartriers, rendez-moi l'honneur :
Je suis bâtard d'un grand seigneur.

De votre savoir qui prospère,
J'attends parchemins et blason :
Un bâtard est fils de son père,
Je veux restaurer ma maison.
Oui, plus nobles que certains êtres,
Des priviléges fiers suppôts,
Moi, je descends de mes ancêtres :
Que leur ame soit en repos !

  Seuls arbitres
  Du sceau des titres,
Chartriers, rendez-moi l'honneur :
Je suis bâtard d'un grand seigneur.

Ma mère, en illustre personne,
Dédaigna Robins et traitans ;
De l'Opéra sortit baronne,
Et se fit comtesse à trente ans.
Marquise enfin des plus sévères,
Elle nargua les sots propos.
Auprès de mes chastes grand'mères,
Que son ame soit en repos !

  Seuls arbitres
  Du sceau des titres,
Chartriers, rendez-moi l'honneur :
Je suis bâtard d'un grand seigneur.

Mon père que, sans flatterie,
Je cite avant tous ses aïeux,
Était chevalier d'industrie,
Sans en être moins glorieux.
Comme il avait pour plaire aux dames
De vieux cordons et l'air dispos,

Il vécut aux dépens des femmes :
Que son ame soit en repos !

Seuls arbitres
Du sceau des titres,
Chartriers, rendez-moi l'honneur :
Je suis bâtard d'un grand seigneur.

Endetté de plus d'une somme,
Et dans un donjon retiré,
Mon aïeul, en bon gentilhomme,
S'enivrait avec son curé.
Sur le dos des gens du village,
Après boire, il cassait les pots.
Il but ainsi son héritage :
Que son ame soit en repos !

Seuls arbitres
Du sceau des titres,
Chartriers, rendez-moi l'honneur :
Je suis bâtard d'un grand seigneur.

Mon bisaïeul, chassant de race,
Fut un comte fort courageux,
Qui, laissant rouiller sa cuirasse,

Joua noblement tous les jeux.
Après une suite traîtresse
De pics, de repics, de capots,
Un as dépouilla son altesse :
Que son ame soit en repos !

Seuls arbitres
Du sceau des titres,
Chartriers, rendez-moi l'honneur :
Je suis bâtard d'un grand seigneur.

Mon trisaïeul, roi légitime,
D'un pays fort mal gouverné,
Tranchait parfois du magnanime,
Sur-tout quand il avait dîné.
Mais les plaisirs de ce grand prince
Ayant absorbé les impôts,
Il mangea province à province :
Que son ame soit en repos !

Seuls arbitres
Du sceau des titres,
Chartriers, rendez-moi l'honneur :
Je suis bâtard d'un grand seigneur.

De ces faits dressez un sommaire,
Messieurs, et prouvez qu'à moi seul
Je vaux autant que père et mère,
Aïeul, bisaïeul, trisaïeul.
Grace à votre art que j'utilise,
Qu'on me tire enfin des tripots ;
Qu'on m'enterre au chœur d'une église :
Que mon ame soit en repos !

  Seuls arbitres
  Du sceau des titres,
Chartriers, rendez-moi l'honneur :
Je suis bàtard d'un grand seigneur.

LES ÉTOILES QUI FILENT.

(JANVIER 1820.)

AIR : Du ballet des Pierrots.

— BERGER, tu dis que notre étoile
Règle nos jours et brille aux cieux :
— Oui, mon enfant; mais dans son voile,
La nuit la dérobe à nos yeux.
— Berger, sur cet azur tranquille,
De lire on te croit le secret :
Quelle est cette étoile qui file,
Qui file, file, et disparaît?

Mon enfant, un mortel expire;
Son étoile tombe à l'instant.
Entre amis que la joie inspire,
Celui-ci buvait en chantant.
Heureux, il s'endort immobile,
Auprès du vin qu'il célébrait...

2   17

— Encore une étoile qui file,
Qui file, file, et disparaît.

Mon enfant, qu'elle est pure et belle!
C'est celle d'un objet charmant.
Fille heureuse, amante fidèle,
On l'accorde au plus tendre amant.
Des fleurs ceignent son front nubile,
Et de l'hymen l'autel est prêt...
— Encore une étoile qui file,
Qui file, file, et disparaît.

Mon fils, c'est l'étoile rapide
D'un très-grand seigneur nouveau-né :
Le berceau qu'il a laissé vide,
D'or et de pourpre était orné.
Des poisons qu'un flatteur distille,
C'était à qui le nourrirait....
— Encore une étoile qui file,
Qui file, file, et disparaît.

Mon enfant, quel éclair sinistre!
C'était l'astre d'un favori,
Qui se croyait un grand ministre
Quand de nos maux il avait ri.

Ceux qui servaient ce dieu fragile
Ont déja caché son portrait....
— Encore une étoile qui file,
Qui file, file, et disparaît.

Mon fils, quels pleurs seront les nôtres!
D'un riche nous perdons l'appui :
L'indigence glane chez d'autres,
Mais elle moissonnait chez lui.
Ce soir même, sûr d'un asyle,
A son toit le pauvre accourait....
— Encore une étoile qui file,
Qui file, file, et disparaît.

C'est celle d'un puissant monarque!...
Va, mon fils, garde ta candeur;
Et que ton étoile ne marque
Par l'éclat, ni par la grandeur.
Si tu brillais sans être utile,
A ton dernier jour on dirait :
Ce n'est qu'une étoile qui file,
Qui file, file, et disparaît.

———

L'ENRHUMÉ.

VAUDEVILLE SUR LES NOUVELLES LOIS D'EXCEPTION.

(MARS 1820.)

AIR : Du petit mot pour rire.

Quoi! pas un seul petit couplet!
Chansonnier, dis-nous donc quel est
　　Le mal qui te consume?
— Amis, il pleut, il pleut des lois;
L'air est mal sain, j'en perds la voix.
　　　Amis, c'est là,
　　　Oui, c'est cela,
　　C'est cela qui m'enrhume.

Chansonnier, quand vient le printemps,
Les oiseaux plus gais, plus contens,
　　De chanter ont coutume.
— Oui, mais j'aperçois des réseaux:

En cage on mettra les oiseaux.
            Amis, c'est là,
            Oui, c'est cela,
    C'est cela qui m'enrhume.

La chambre regorge d'intrus ;
Peins-nous l'un de ces bas ventrus,
        Aux dîners qu'il écume.
— Non, car ces gens, si gras du bec,
Votent l'eau claire et le pain sec (1).
            Amis, c'est là,
            Oui, c'est cela,
    C'est cela qui m'enrhume.

Pour nos pairs fais des vers flatteurs ;
Des Français ce sont les tuteurs ;
        Qu'à leur nez l'encens fume.
— Non, car ils ont mis de moitié
Leurs pupilles à la Pitié.
            Amis, c'est là,
            Oui, c'est cela,
    C'est cela qui m'enrhume.

------

(1) Messieurs du centre voulurent qu'on laissât aux ministres le soin de régler la nourriture des personnes arrêtées comme suspectes.

17.

Peins donc S..... l'anodin ;
Peins-nous sur-tout P.......-Dandin,
　Si fort quand il résume.
— Non : Cicéron m'a convaincu.
P....... dirait : *Il a vécu* (1).
　　Amis, c'est là,
　　Oui, c'est cela,
　C'est cela qui m'enrhume.

Mais la charte encor nous défend ;
Du roi c'est l'immortel enfant ;
　Il l'aime, on le présume.
. . . .
. . . .
　　Amis, c'est là,
　　Oui, c'est cela,
　C'est cela qui m'enrhume.

Qu'ai-je dit ? et que de dangers !
Le ministre des étrangers,
　Dandin taille sa plume :

---

(1) Allusion à une citation sans doute fort heureuse,
mais peu rassurante, que s'est permise un ministre.

On va m'arrêter sans procès :
Le vaudeville est né français.
   Amis, c'est là,
   Oui, c'est cela,
C'est cela qui m'enrhume.

LE TEMPS.

Air : Ce Magistrat irréprochable.

Près de la beauté que j'adore,
Je me croyais égal aux dieux ;
Lorsqu'au bruit de l'airain sonore,
Le Temps apparut à nos yeux (*bis*).
Faible comme une tourterelle
Qui voit la serre des vautours,
Ah ! par pitié, lui dit ma belle,
Vieillard, épargnez nos amours !

Devant son front chargé de rides,
Soudain nos yeux se sont baissés :
Vous voyons à ses pieds rapides

La poudre des siècles passés.
A l'aspect d'une fleur nouvelle
Qu'il vient de flétrir pour toujours,
Ah! par pitié, lui dit ma belle,
Vieillard, épargnez nos amours!

Je n'épargne rien sur la terre;
Je n'épargne rien même aux cieux,
Répond-il d'une voix austère :
Vous ne m'avez connu que vieux.
Ce que le passé vous révèle,
Remonte à peine à quelques jours :
Ah! par pitié, lui dit ma belle,
Vieillard, épargnez nos amours!

Sur cent premiers peuples célèbres
J'ai plongé cent peuples fameux
Dans un abyme de ténèbres,
Où vous disparaîtrez comme eux.
J'ai couvert d'une ombre éternelle
Des astres éteints dans leur cours :
Ah! par pitié, lui dit ma belle,
Vieillard, épargnez nos amours!

Mais, malgré moi, de votre monde
La volupté charme les maux;

Et de la nature féconde
L'arbre immense étend ses rameaux.
Toujours sa tige renouvelle
Des fruits que j'arrache toujours :
Ah ! par pitié, lui dit ma belle,
Vieillard, épargnez nos amours !

Il nous fuit ; et près de le suivre,
Les plaisirs, hélas ! peu constans,
Nous voyant plus pressés de vivre,
Nous bercent dans l'oubli du Temps.
Mais l'heure en sonnant nous rappelle
Combien tous nos rêves sont courts ;
Et je m'écrie avec ma belle :
Vieillard, épargnez nos amours !

LA FARIDONDAINE,

ou

LA CONSPIRATION DES CHANSONS.

INSTRUCTION AJOUTÉE A LA CIRCULAIRE DE M. LE PRÉFET
DE POLICE, CONCERNANT LES RÉUNIONS CHANTANTES,
APPELÉES GOGUETTES.

(AVRIL 1820.)

AIR : A la façon de Barbari.

ÉCOUTE, mouchard, mon ami,
Je suis ton capitaine.
Sois gai pour tromper l'ennemi,
Et chante à perdre haleine.
Tu sais que monseigneur Anglès,
La faridondaine,
A peur des couplets.
Apprends qu'on en fait contre lui,

Biribi,
Sur la façon de barbari,
Mon ami.

Des goguettes, à peu de frais,
On échauffe la veine.
Aux Apollons des cabarets
Paie un broc de Surène.
Un aveugle y chante en faussant
La faridondaine,
D'un ton menaçant.
On néglige l'air de Henri,
Biribi,
Pour la façon de barbari,
Mon ami.

Sur *Mirliton* fais un rapport :
La cour le trouve obscène.
Dénonce aussi *Malbrouk est mort* :
A sa *Grace* il fait peine.
Sur-tout transforme avec éclat
La faridondaine
En crime d'état.
Donnons des juges sans juri,
Biribi,

A la façon de barbari,
    Mon ami.

Biribi veut dire en latin,
    L'homme de Sainte-Hélène.
Barbari, c'est, j'en suis certain,
    Un peuple qu'on enchaîne.
Mon ami, ce n'est pas le roi;
        Et faridondaine
        Attaque la foi.
Que dirait de mieux M........
        Biribi,
Sur la façon de barbari,
        Mon ami?

Du préfet ce sont les leçons:
    Tu les suivras sans peine.
Si l'on ne prend garde aux chansons,
    L'anarchie est certaine.
Que le trône soit préservé
        De faridondaine,
        Par le *God save.*
Substituons l'*ô filii*,
        Biribi,
A la façon de barbari,
        Mon ami.

MA LAMPE.

CHANSON ADRESSÉE A MADAME DUFRESNOY.

AIR :

VEILLE encore, ô lampe fidèle,
Que trop peu d'huile vient nourrir!
Sur les accens d'une immortelle
Laisse mes regards s'attendrir.
De l'amour que sa lyre implore,
Tu le sais, j'ai subi la loi.
Veille, ma lampe, veille encore :
Je lis les vers de Dufresnoy.

Son livre est plein d'un doux mystère,
Plein d'un bonheur de peu d'instans.
Il rend à mon lit solitaire
Tous les songes de mon printemps.
Les dieux qu'au bel âge on adore,
Voudraient-ils revoler vers moi?

Veille, ma lampe, veille encore :
Je lis les vers de Dufresnoy.

Si, comme Sapho qu'elle égale,
Elle eût, en proie à deux penchans,
Des amours ardente rivale,
Aux graces consacré ses chants ;
Parny, près d'une Éléonore,
Ne l'aurait pu voir sans effroi.
Veille, ma lampe, veille encore :
Je lis les vers de Dufresnoy.

Combien a pleuré sur nos armes
Son noble cœur de gloire épris !
De n'être pour rien dans ses larmes
L'Amour alors parut surpris.
Jamais, au pays qu'elle honore,
Sa lyre n'a manqué de foi.
Veille, ma lampe, veille encore :
Je lis les vers de Dufresnoy.

Aux chants du Nord on fait hommage
Des lauriers du Pinde avilis ;
Mais de leur gloire sois l'image,
Toi, ma lampe, toi qui pâlis.

A ton déclin, je vois l'aurore
Triompher de l'ombre et de toi;
Tu meurs, et je relis encore
Les vers charmans de Dufresnoy.

LE BON DIEU.

AIR : Tout le long de la rivière.

Un jour le bon Dieu s'éveillant,
Fut pour nous assez bienveillant.
Il met le nez à la fenêtre :
« Leur planète a péri peut-être. »
Dieu dit, et l'aperçoit bien loin,
Qui tourne dans un petit coin.
Si je conçois comment on s'y comporte,
Je veux bien, dit-il, que le diable m'emporte
Je veux bien que le diable m'emporte.

Blancs ou noirs, gelés ou rôtis,
Mortels que j'ai faits si petits,

Dit le bon Dieu d'un air paterne,
On prétend que je vous gouverne ;
Mais vous devez voir, dieu merci,
Que j'ai des ministres aussi.
Si je n'en mets deux ou trois à la porte,
Je veux, mes enfans, que le diable m'emporte,
Je veux bien que le diable m'emporte.

Pour vivre en paix, vous ai-je en vain
Donné des filles et du vin ?
A ma barbe, quoi ! des Pygmées
M'appelant le Dieu des armées,
Osent, en invoquant mon nom,
Vous tirer des coups de canon !
Si j'ai jamais conduit une cohorte,
Je veux, mes enfans, que le diable m'emporte,
Je veux bien que le diable m'emporte.

Que font ces nains si bien parés,
Sur des trônes à clous dorés ?
Le front huilé, l'humeur altière,
Ces chefs de votre fourmilière
Disent que j'ai béni leurs droits,
Et que par ma grace ils sont rois.
Si c'est par moi qu'ils règnent de la sorte,

Je veux, mes enfans, que le diable m'emporte,
Je veux bien que le diable m'emporte.

Je nourris d'autres nains tout noirs
Dont mon nez craint les encensoirs.
Ils font de la vie un carême;
En mon nom lancent l'anathême,
Dans des sermons fort beaux, ma foi,
Mais qui sont de l'hébreu pour moi.
Si je crois rien de ce qu'on y rapporte,
Je veux, mes enfans, que le diable m'emporte,
Je veux bien que le diable m'emporte.

Enfans, ne m'en veuillez donc plus :
Les bons cœurs seront mes élus.
Sans que pour cela je vous noie,
Faites l'amour, vivez en joie;
Narguez vos grands et vos cafards.
Adieu, car je crains les mouchards
A ces gens-là si j'ouvre un jour ma porte,
Je veux, mes enfans, que le diable m'emporte,
Je veux bien que le diable m'emporte.

LE VIEUX DRAPEAU.

(1820.)

(Cette chanson n'exprime que le vœu d'un soldat qui desire voir
la Charte constitutionnellement placée sous la sauve garde du drapeau
de Fleurus, de Marengo et d'Austerlitz. Le même vœu a été exprimé
à la tribune par plusieurs députés et entre autres par M. le général Foy,
dans une improvisation aussi noble qu'énergique.)

Air : Elle aime à rire, elle aime à boire.

De mes vieux compagnons de gloire
Je viens de me voir entouré.
Nos souvenirs m'ont enivré;
Le vin m'a rendu la mémoire.
Fier de mes exploits et des leurs,
J'ai mon drapeau dans ma chaumière:
Quand secoûrai-je la poussière
Qui ternit ses nobles couleurs ?

Il est caché sous l'humble paille
Où je dors pauvre et mutilé;
Lui qui, sûr de vaincre, a volé
Vingt ans de bataille en bataille !

Chargé de lauriers et de fleurs,
Il brilla sur l'Europe entière :
Quand secoûrai-je la poussière
Qui ternit ses nobles couleurs ?

Ce drapeau payait à la France
Tout le sang qu'il nous a coûté.
Sur le sein de la liberté,
Nos fils jouaient avec sa lance.
Qu'il prouve encore aux oppresseurs
Combien la gloire est roturière :
Quand secoûrai-je la poussière
Qui ternit ses nobles couleurs ?

Son aigle est resté dans la poudre,
Fatigué de lointains exploits.
Rendons-lui le coq des Gaulois ;
Il sut aussi lancer la foudre.
La France, oubliant ses douleurs
Le rebénira libre et fière :
Quand secoûrai-je la poussière
Qui ternit ses nobles couleurs ?

Las d'errer avec la victoire,
Des lois il deviendra l'appui.

Chaque soldat fut, grace à lui,
Citoyen aux bords de la Loire.
Seul il peut voiler nos malheurs;
Déployons-le sur la frontière :
Quand secoûrai-je la poussière
Qui ternit ses nobles couleurs ?

Mais il est là, près de mes armes;
Un instant, osons l'entrevoir.
Viens, mon drapeau! viens, mon espoir!
C'est à toi d'essuyer mes larmes.
D'un guerrier qui verse des pleurs,
Le ciel entendra la prière :
Oui, je secoûrai la poussière
Qui ternit tes nobles couleurs

LA MARQUISE DE PRETINTAILLE.

Air : J' veux être un chien
A coups d' pied, à coups d' poing.

Marquise à trente quartiers pleins,
J'ai pris mes droits sur les vilains :
En amour j'aime la canaille,
D'un ton fier je leur dis : Venez.
Mais sous mes rideaux blasonnés,
        Vils roturiers,
        Respectez les quartiers
De la marquise de Pretintaille.

Sacrifierais-je à mes attraits
Des gentilshommes damerets,
Qui n'ont ni carrure, ni taille?
Non, mais j'accable cent gredins
De mes feux et de mes dédains.
        Vils roturiers,

Respectez les quartiers
De la marquise de Pretintaille.

Je veux citer les plus marquans,
Bien qu'après coup tous ces croquans
Osent me traiter d'antiquaille :
Je ne suis, aux yeux des malins,
Qu'une savonnette à vilains.
Vils roturiers,
Respectez les quartiers
De la marquise de Pretintaille.

Mon laquais était tout porté;
Mais il parle de liberté :
De mes parchemins il se raille.
Paix ! lui dis-je, et traite un peu mieux
Ce que je tiens de mes aïeux.
Vils roturiers,
Respectez les quartiers
De la marquise de Pretintaille.

Arrive après mon confesseur :
Du parti sacré défenseur,
Il serre de près son ouaille.
Avec moi, son front virginal

Vise au chapeau de cardinal.
Vils roturiers,
Respectez les quartiers
De la marquise de Pretintaille.

Je veux corrompre un député:
Pour l'amour et la liberté,
Il était plus chaud qu'une caille.
L'aveu que ma bouche octroya
Mit les droits de l'homme à quia.
Vils roturiers,
Respectez les quartiers
De la marquise de Pretintaille.

Mon fermier, butor bien nerveux,
Dont la charte a comblé les vœux,
Dénigrait la glèbe et la taille;
Mais je lui fis voir, à loisir,
Tout ce qu'on gagne au *bon plaisir*.
Vils roturiers,
Respectez les quartiers
De la marquise de Pretintaille.

J'oubliais certain grand coquin,
Pauvre officier républicain,

Brave au lit comme à la mitraille :
J'ai vengé sur ce possédé
Charette, Cobourg et Condé.
Vils roturiers,
Respectez les quartiers
De la marquise de Pretintaille.

Mes priviléges s'éteindraient,
Si nos étrangers ne rentraient ;
A ma note aussi je travaille :
En attendant forçons le roi
De solder les Suisses pour moi.
Vils roturiers,
Respectez les quartiers
De la marquise de Pretintaille.

LE TREMBLEUR,

ou

MES ADIEUX A M. DUPONT (DE L'EURE), EX-
PRÉSIDENT A LA COUR ROYALE DE ROUEN.

CHANSON FAITE ET CHANTÉE A ROUEN, QUELQUES JOURS
AVANT LES ÉLECTIONS DE 1820.

AIR : Je vais bientôt quitter l'empire.

DUPONT, que vient-on de m'apprendre ?
Quoi ! l'on tourmente vos amis !
J'ai des précautions à prendre ;
Vous le savez : Je suis commis (*bis*).
Dès qu'une amitié m'embarrasse,
Soudain, les nœuds en sont rompus (*bis*).
Bien mieux que vous, je sais garder ma place.
Mon cher Dupont, je ne vous connais plus.
Dupont, Dupont, je ne vous connais plus.

Du peuple obtenez le suffrage ;
Moi, du pouvoir je crains les coups.
En vain la France rend hommage
A la vertu qui brille en vous ;
A peine j'ose vous promettre
De vous rendre encor vos saluts :
Votre vertu pourrait me compromettre.
Mon cher Dupont, je ne vous connais plus.
Dupont, Dupont, je ne vous connais plus.

Chez nous, le courage importune ;
Et votre sage et noble voix
A fait trembler à la tribune
Ceux qui méconnaissent nos droits.
De vos discours on tient registre ;
Peut-être aussi les ai-je lus.
Mais les talens ne font pas un ministre.
Mon cher Dupont, je ne vous connais plus.
Dupont, Dupont, je ne vous connais plus.

Héritier de la gloire antique,
Admiré de tous les Français,
Le front ceint du rameau civique,
Sous le chaume vivez en paix.
A votre renom j'ai beau croire.

Je pense comme nos ventrus :
On ne vit pas de pain sec et de gloire.
Mon cher Dupont, je ne vous connais plus.
Dupont, Dupont, je ne vous connais plus.

Oui, je vous fuis sans autre forme,
Vous, que long-temps mon cœur aima.
Je ne veux pas qu'on me réforme,
Comme P....ier vous réforma.
Adieu donc, honneur de la France !
Du préfet je crains les argus.
Avec L........ je ferai connaissance.
Mon cher Dupont, je ne vous connais plus.
Dupont, Dupont, je ne vous connais plus.

MA CONTEMPORAINE.

COUPLET ÉCRIT SUR L'ALBUM DE MADAME M***.

AIR : Ma belle est la belle des belles.

Vous vous vantez d'avoir mon âge :
Sachez que l'Amour n'en croit rien.
Jadis les Parques ont, je gage,
Mêlé votre fil et le mien.
Au hasard alors ces matrones
Faisant deux lots de notre temps,
J'eus les hivers et les automnes,
Vous les étés et les printemps.

LA MORT DU ROI CHRISTOPHE,

OU

NOTE PRÉSENTÉE PAR LA NOBLESSE D'HAÏTI AUX
TROIS GRANDS ALLIÉS.

(DÉCEMBRE 1820.)

AIR : La Catacoua.

CHRISTOPHE est mort, et du royaume
La noblesse a recours à vous :
François, Alexandre, Guillaume,
Prenez aussi pitié de nous.
Ce n'est point pays limitrophe,
Mais le mal fait tant de progrès !
　　　Vite un congrès !
　　　Deux, trois congrès !
　　　Quatre congrès !
　　Cinq congrès ! dix congrès !
Princes, vengez ce bon Christophe,
Roi digne de tous vos regrets.

19.

Il tombe après avoir fait rage
Contre les peuples maladroits,
Qui, du trône écartant l'orage,
Pour l'affermir bornent ses droits.
A réfuter maint philosophe
Ses canons étaient toujours prêts.
  Vite un congrès !
  Deux, trois congrès !
  Quatre congrès !
 Cinq congrès ! dix congrès !
Princes, vengez ce bon Christophe,
Roi digne de tous vos regrets. ´

Malgré la trinité royale,
Malgré la sainte trinité,
Notre nation déloyale
A proclamé sa liberté.
Pour l'esprit saint, quelle apostrophe,
Lui qui dicte tous vos décrets !
  Vite, un congrès !
  Deux, trois congrès !
  Quatre congrès !
 Cinq congrès ! dix congrès !
Princes, vengez ce bon Christophe,
Roi digne de tous vos regrets.

Avec respect traitez l'Espagne :
Votre maître y perdit ses pas.
Naple est un pays de Cocagne ;
Mais des volcans n'approchez pas.
Vous taillerez en pleine étoffe,
Venez chez nous par un vent frais.
Vite un congrès !
Deux, trois congrès !
Quatre congrès !
Cinq congrès ! dix congrès !
Princes, vengez ce bon Christophe,
Roi digne de tous vos regrets.

Dons Quichotes de l'arbitraire,
Allons, morbleu, de la valeur !
Ce monarque était votre frère :
Les rois sont de même couleur.
Exploiter une catastrophe,
S'accorde avec vos plans secrets.
Vite, un congrès !
Deux, trois congrès !
Quatre congrès !
Cinq congrès ! dix congrès !
Princes, vengez ce bon Christophe,
Roi digne de tous vos regrets.

LA FORTUNE.

Air : De la Sabotière.
ou : Vaudeville du Vieux Chasseur.

Pan ! pan ! est-ce ma brune,
Pan ! pan ! qui frappe en bas ?
Pan ! pan ! c'est la Fortune :
Pan ! pan ! je n'ouvre pas.

Tous mes amis, le verre en main,
De joie enivrent ma chambrette.
Nous n'attendons plus que Lisette ;
Fortune, passe ton chemin.

Pan ! pan ! est-ce ma brune,
Pan ! pan ! qui frappe en bas ?
Pan ! pan ! c'est la Fortune :
Pan ! pan ! je n'ouvre pas.

Si l'on en croit ce qu'elle dit,
Son or chez nous ferait merveilles.
Mais nous avons là vingt bouteilles,
Et le traiteur nous fait crédit.

Pan ! pan ! est-ce ma brune,
Pan ! pan ! qui frappe en bas ?
Pan ! pan ! c'est la Fortune :
Pan ! pan ! je n'ouvre pas.

Elle offre perles et rubis,
Manteaux d'une richesse extrême.
Eh ! que nous fait la pourpre même ?
Nous venons d'ôter nos habits.

Pan ! pan ! est-ce ma brune,
Pan ! pan ! qui frappe en bas ?
Pan ! pan ! c'est la Fortune :
Pan ! pan ! je n'ouvre pas.

Elle nous traite en écoliers,
Parle de gloire et de génie.
Hélas ! grace à la calomnie,
Nous ne croyons plus aux lauriers.

>   Pan ! pan ! est-ce ma brune,
>   Pan ! pan ! qui frappe en bas ?
>   Pan ! pan ! c'est la Fortune :
>   Pan ! pan ! je n'ouvre pas.

Loin des plaisirs, point ne voulons
Aux cieux être lancés par elle :
Sans même essayer la nacelle,
Nous voyons s'enfler ses ballons.

>   Pan ! pan ! est-ce ma brune,
>   Pan ! pan ! qui frappe en bas ?
>   Pan ! pan ! c'est la Fortune :
>   Pan ! pan ! je n'ouvre pas.

Mais tous nos voisins attroupés
Implorent ses faveurs traîtresses :
Ah ! chers amis, par nos maîtresses
Nous serons plus gaîment trompés.

>   Pan ! pan ! est-ce ma brune,
>   Pan ! pan ! qui frappe en bas ?
>   Pan ! pan ! c'est la Fortune :
>   Pan ! pan ! je n'ouvre pas.

LOUIS XI [1].

Air : Sans un petit brin d'amour.

Heureux villageois, dansons
Sautez, fillettes
Et garçons !
Unissez vos joyeux sons,
Musettes
Et chansons !

Notre vieux roi, caché dans ces tourelles,
Louis, dont nous parlons tout bas,

[1] On sait que ce roi, retiré au Plessis-lez-Tours, avec Tristan, confident et exécuteur de ses cruautés, voulait voir quelquefois les paysans danser devant les fenêtres de son château.

Veut essayer, au temps des fleurs nouvelles,
S'il peut sourire à nos ébats.

Heureux villageois, dansons :
Sautez, fillettes
Et garçons !
Unissez vos joyeux sons,
Musettes
Et chansons !

Quand sur nos bords on rit, on chante, on aime,
Louis se retient prisonnier :
Il craint les grands, et le peuple et Dieu même ;
Sur-tout il craint son héritier.

Heureux villageois, dansons :
Sautez, fillettes
Et garçons !
Unissez vos joyeux sons,
Musettes
Et chansons !

Voyez d'ici, briller cent hallebardes,
Aux feux d'un soleil pur et doux.

N'entend-on pas le *Qui vive* des gardes,
Qui se mêle au bruit des verroux ?

Heureux villageois, dansons :
Sautez, fillettes
Et garçons !
Unissez vos joyeux sons,
Musettes
Et chansons !

Il vient ! il vient ! Ah ! du plus humble chaume
Ce roi peut envier la paix :
Le voyez-vous, comme un pâle fantôme,
A travers ces barreaux épais ?

Heureux villageois, dansons :
Sautez, fillettes
Et garçons !
Unissez vos joyeux sons,
Musettes
Et chansons !

Dans nos hameaux, quelle image brillante
Nous nous faisions d'un souverain !

Quoi! pour le sceptre une main défaillante!
Pour la couronne un front chagrin!

Heureux villageois, dansons :
Sautez, fillettes
Et garçons!
Unissez vos joyeux sons,
Musettes
Et chansons!

Malgré nos chants, il se trouble, il frissonne;
L'horloge a causé son effroi :
Ainsi toujours il prend l'heure qui sonne,
Pour un signal de son Beffroi.

Heureux villageois, dansons :
Sautez, fillettes
Et garçons!
Unissez vos joyeux sons,
Musettes
Et chansons.

Mais notre joie, hélas! le désespère;
Il fuit avec son favori.

Craignons sa haine ; et disons qu'en bon père .
A ses enfans il a souri.

Heureux villageois, dansons :
Sautez, fillettes
Et garçons !
Unissez vos joyeux sons,
Musettes
Et chansons !

LES ADIEUX A LA GLOIRE.

(DÉCEMBRE 1820.)

Air : Je commence à m'apercevoir
Qu'il en est d'la musique. (D'Alexis.)

CHANTONS le vin et la beauté :
Tout le reste est folie.
Voyez comme on oublie
Les hymnes de la liberté.
Un peuple brave
Retombe esclave :
Fils d'Épicure, ouvrez-moi votre cave.
La France, qui souffre en repos,
Ne veut plus que mal-à-propos
J'ose en trompette ériger mes pipeaux.
Adieu donc, pauvre gloire !
Déshéritons l'histoire.
Venez, amours, et versez-nous à boire.

Quoi ! d'indignes enfans de Mars
Briguaient une livrée,
Quand ma muse éplorée
Recrutait pour leurs étendards !
Ah ! s'il m'arrive
Beauté naïve,
Sous ses baisers ma voix sera captive ;
Ou flattons si bien, que pour moi
On exhume aussi quelque emploi.
Oui, noir ou blanc, soyons le fou du roi.
Adieu donc, pauvre gloire !
Déshéritons l'histoire.
Venez, amours, et versez-nous à boire.

Des excès de nos ennemis
Chaque juge est complice,
Et la main de justice
De soufflets accable Thémis.
Plus de satire !
N'osant médire,
J'orne de fleurs et ma coupe et ma lyre.
J'ai trop bravé nos tribunaux ;
Dans leurs dédales infernaux,
J'entends Cerbère et ne vois point Minos.
Adieu donc, pauvre gloire !

20.

Déshéritons l'histoire.
Venez, amours, et versez-nous à boire.

Des tyrans par nous soudoyés
La faiblesse est connue :
Gulliver éternue,
Et tous les nains sont foudroyés.
Mais, quelle image !
Non, plus d'orage ;
De nos plaisirs redoutons le naufrage :
Opprimés, gémissez plus bas.
Que nous fait, dans un gai repas,
Que l'univers souffre ou ne souffre pas ?
Adieu donc, pauvre gloire !
Déshéritons l'histoire.
Venez, amours, et versez-nous à boire.

Du sommeil de la liberté
Les rêves sont pénibles :
Devenons insensibles
Pour conserver notre gaîté.
Quand tout succombe,
Faible colombe,
Ma muse aussi sur des roses retombe.
Lasse d'imiter l'aigle altier,

Elle reprend son doux métier :
Bacchus m'appelle, et je rentre au quartier.
Adieu donc, pauvre gloire !
Déshéritons l'histoire.
Venez, amours, et versez-nous à boire.

LES DEUX COUSINS,

OU

LETTRE

D'UN PETIT ROI A UN PETIT DUC.

AIR : Daignez m'épargner le reste.

SALUT ! petit cousin-germain ;
D'un lieu d'exil j'ose t'écrire.
La fortune te tend la main :
Ta naissance l'a fait sourire.
Mon premier jour aussi fut beau :
Point de Français qui n'en convienne.

Les rois m'adoraient au berceau,
Et cependant je suis à Vienne!

Je fus bercé par tes faiseurs
De vers, de chansons, de poëmes :
Ils sont, comme les confiseurs,
Partisans de tous les baptêmes.
Les eaux d'un fleuve bien mondain
Vont laver ton ame chrétienne ;
On m'offrit de l'eau du Jourdain,
Et cependant je suis à Vienne!

Ces juges, ces pairs avilis
Qui te prédisent des merveilles,
De mon temps juraient que les lis
Seraient le butin des abeilles.
Parmi les nobles détracteurs
De toute vertu plébéienne,
Ma nourrice avait des flatteurs,
Et cependant je suis à Vienne!

Sur des lauriers je me couchais ;
La pourpre seule t'environne.
Des sceptres étaient mes hochets ;
Mon bourlet fut une couronne.

Méchant bourlet ! puisqu'un faux pas
Même au saint Père ôtait la sienne :
Mais j'avais pour moi nos prélats,
Et cependant je suis à Vienne !

Quant aux maréchaux, je crois peu
Que du monde ils t'ouvrent l'entrée.
Ils préfèrent au cordon bleu,
De l'honneur l'étoile sacrée.
Mon père à leur beau dévoûment
Livra sa fortune et la mienne :
Ils auront tenu leur serment,
Et cependant je suis à Vienne !

Près du trône si tu grandis,
Si je végète sans puissance,
Confonds ces courtisans maudits,
En leur rappelant ma naissance.
Dis leur : « Je puis avoir mon tour :
« De mon cousin qu'il vous souvienne.
« Vous lui promettiez votre amour,
« Et cependant il est à Vienne ! »

LES VENDANGES.

Air : Pierrot sur le bord d'un ruisseau.
ou : Air nouveau de M. Lorin.

L'aurore annonce un jour serein ;
Vite, à l'ouvrage !
Et reprenons courage.
Fillettes, flûte et tambourin,
Mettez les vendangeurs en train.
Du vin qu'a fait tourner l'orage,
Un vin nouveau bientôt consolera.
Amis, chez nous la gaîté renaîtra. } bis.
Ah ! ah ! la gaîté renaîtra.

Notre maire tourne à tout vent ;
D'écharpe il change,
Et de tout vin s'arrange.
Mais, puisqu'ainsi ce bon vivant
De couleur changea si souvent,

Qu'avec son écharpe il vendange,
Et de vin doux on la barbouillera.
Amis, chez nous la gaîté renaîtra.
Ah! ah! la gaîté renaîtra.

Le juge qui, de vingt façons,
En robe noire,
Explique son grimoire,
Condamne jusqu'à nos chansons;
Mais, grace au vin que nous pressons,
Que lui-même il chante après boire,
La liberté, la gloire, *et cetera.*
Amis, chez nous la gaîté renaîtra.
Ah! ah! la gaîté renaîtra.

Si le curé, peu tolérant,
Gronde sans cesse,
Et veut qu'on se confesse,
Son gros nez rouge nous apprend
L'intérêt qu'à nos vins il prend.
Pour en boire ailleurs qu'à la messe,
Sur chaque mort qu'il dise un *libera.*
Amis, chez nous la gaîté renaîtra.
Ah! ah! la gaîté renaîtra.

Que du châtelain en souci
L'orgueil insigne
Au bonheur se résigne;
Il verra les titres qu'ici
Noé nous a transmis aussi.
Ils sont sur des feuilles de vigne;
Aux parchemins il les préférera.
Amis, chez nous la gaîté renaîtra.
Ah! ah! la gaîté renaîtra.

Beau pays, fertile et guerrier,
A la souffrance
Oppose l'espérance.
Au pampre tu peux marier
Olive, épi, rose et laurier.
Vendangeons, et vive la France!
Le monde un jour avec nous trinquera.
Amis, chez nous la gaîté renaîtra.
Ah! ah! la gaîté renaîtra.

L'ORAGE.

Air : C'est l'amour, l'amour.

Chers enfans, dansez, dansez !
Votre âge
Échappe à l'orage :
Par l'espoir gaîment bercés,
Dansez, chantez, dansez !

A l'ombre de vertes charmilles,
Fuyant l'école et les leçons,
Petits garçons, petites filles,
Vous voulez danser aux chansons.
En vain ce pauvre monde
Craint de nouveaux malheurs ;
En vain la foudre gronde,
Couronnez-vous de fleurs.

Chers enfans, dansez, dansez !
Votre âge
Échappe à l'orage :

Par l'espoir gaîment bercés,
Dansez, chantez, dansez !

L'éclair sillonne le nuage,
Mais il n'a point frappé vos yeux.
L'oiseau se tait dans le feuillage ;
Rien n'interrompt vos chants joyeux.
J'en crois votre allégresse ;
Oui, bientôt d'un ciel pur
Vos yeux, brillans d'ivresse,
Réfléchiront l'azur.

Chers enfans, dansez, dansez !
Votre âge
Échappe à l'orage :
Par l'espoir gaîmemt bercés,
Dansez, chantez, dansez !

Vos pères ont eu bien des peines ;
Comme eux ne soyez point trahis.
D'une main ils brisaient leurs chaînes,
De l'autre ils vengeaient leur pays.
De leur char de victoire
Tombés sans déshonneur,
Ils vous lèguent la gloire :
Ce fut tout leur bonheur.

Chers enfans, dansez, dansez!
Votre âge
Échappe à l'orage :
Par l'espoir gaîment bercés,
Dansez, chantez, dansez!

Au bruit de lugubres fanfares,
Hélas! vos yeux se sont ouverts.
C'était le clairon des Barbares,
Qui vous annonçait nos revers.
Dans le fracas des armes,
Sous nos toits en débris,
Vous mêliez à nos larmes
Votre premier souris.

Chers enfans, dansez, dansez!
Votre âge
Échappe à l'orage :
Par l'espoir gaîment bercés,
Dansez, chantez, dansez!

Vous triompherez des tempêtes
Où notre courage expira.
C'est en éclatant sur nos têtes,
Que la foudre nous éclaira.
Si le dieu qui vous aime

Crut devoir nous punir,
Pour vous sa main ressème
Les champs de l'avenir.

Chers enfans, dansez, dansez !
Votre âge
Échappe à l'orage :
Par l'espoir gaîment bercés,
Dansez, chantez, dansez !

Enfans, l'orage, qui redouble,
Du sort présage le courroux.
Le sort ne vous cause aucun trouble;
Mais à mon âge on craint ses coups.
S'il faut que je succombe
En chantant nos malheurs,
Déposez sur ma tombe
Vos couronnes de fleurs.

Chers enfans, dansez, dansez !
Votre âge
Échappe à l'orage :
Par l'espoir gaîment bercés,
Dansez, chantez, dansez !

LE CINQ MAI.

(1821.)

AIR : Muse des bois et des accords champêtres.

DES Espagnols m'ont pris sur leur navire,
Aux bords lointains où tristement j'errais.
Humble débris d'un héroïque empire,
J'avais dans l'Inde exilé mes regrets.
Mais loin du Cap, après cinq ans d'absence,
Sous le soleil, je vogue plus joyeux.
Pauvre soldat, je reverrai la France :
La main d'un fils me fermera les yeux.

Dieux ! le pilote a crié : Sainte-Hélène !
Et voilà donc où languit le héros !
Bons Espagnols, là s'éteint votre haine :
Nous maudissons ses fers et ses bourreaux.
Je ne puis rien, rien pour sa délivrance ;

Le temps n'est plus des trépas glorieux !
Pauvre soldat, je reverrai la France :
La main d'un fils me fermera les yeux.

Peut-être il dort, ce boulet invincible
Qui fracassa vingt trônes à la fois.
Ne peut-il pas, se relevant terrible,
Aller mourir sur la tête des rois ?
Ah ! ce rocher repousse l'espérance :
L'aigle n'est plus dans le secret des dieux.
Pauvre soldat, je reverrai la France :
La main d'un fils me fermera les yeux.

Il fatiguait la victoire à le suivre :
Elle était lasse ; il ne l'attendit pas.
Trahi deux fois, ce grand homme a su vivre ;
Mais quels serpens enveloppent ses pas !
De tout laurier un poison est l'essence ;
La mort couronne un front victorieux.
Pauvre soldat, je reverrai la France :
La main d'un fils me fermera les yeux.

Dès qu'on signale une nef vagabonde,
« Serait-ce lui ! disent les potentats :
« Vient-il encor redemander le monde ?

« Armons soudain deux millions de soldats. »
Et lui, peut-être, accablé de souffrance,
A la patrie adresse ses adieux.
Pauvre soldat, je reverrai la France :
La main d'un fils me fermera les yeux.

Grand de génie et grand de caractère,
Pourquoi du sceptre arma-t-il son orgueil !
Bien au-dessus des trônes de la terre,
Il apparaît brillant sur cet écueil.
Sa gloire est là, comme le phare immense
D'un nouveau monde, et d'un monde trop vieux.
Pauvre soldat, je reverrai la France :
La main d'un fils me fermera les yeux.

Bons Espagnols, que voit-on au rivage ?
Un drapeau noir ! ah ! grands dieux ! je frémis !
Quoi ! lui, mourir ! ô gloire ! quel veuvage !
Autour de moi pleurent ses ennemis.
Loin de ce roc nous fuyons en silence ;
L'astre du jour abandonne les cieux.
Pauvre soldat, je reverrai la France :
La main d'un fils me fermera les yeux.

FIN DU TOME SECOND ET DERNIER.

L L I L I C C A I M U P M

TABLE

DES CHANSONS

CONTENUES

DANS LE SECOND VOLUME.

(251)

FIN DE LA TABLE DU TOME SECOND ET DERNIER.